異端の肖像

異端的肖像

澀澤龍彥 著

異端的肖像 專文推薦

撕開文明與禮儀的面紗，進入鬼才大師澀澤龍彥的陰暗世界，一窺陷入瘋狂的異端者是如何走向毀滅。

——人氣恐怖作家 **醉琉璃**

異端通常指悖於正統基督教義的學說，本書則指異於常人且偏執的性格，在虛假且壓抑的時代造就出一個個生活脫序且無比瘋狂的異端。

——「幕末・維新史」系列作者 **洪維揚**

在澀澤先生解析下，新天鵝堡比童話還美，終究是路德維希二世瘋癲人生的舞臺布景。《追憶逝水年華》一大曠世鉅作，竟是普魯斯特堆砌的，既殘忍又悲傷的玩具。這七位異端者的功勳，或稱為狂妄幻想，從繁華淪落到靡爛，「就像諸神的未竟之夢」。

——《禁斷惑星》作者 **高苦茶**

異端的肖像 專文推薦

那些驚世駭俗、特立獨行、與眾不同的人們，乃劃時代的另類巨擘，鉤出人們內在七情六慾。本書細膩刻畫他們的面孔，集結其故事與思想，得以一瞥那肖像群中的意志與精神。

——寓言盒子版主　詹文貞

目次

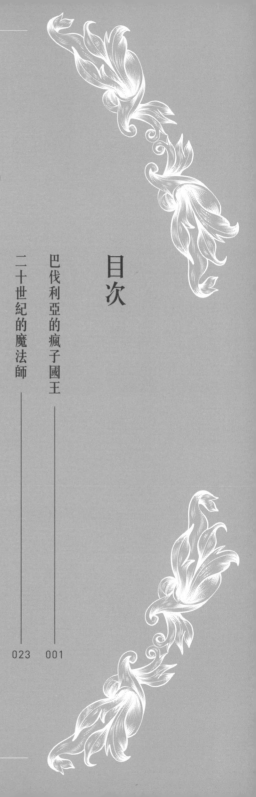

巴伐利亞的瘋子國王

十九世紀德意志

圖1　年輕時的路德維希二世

時至今日談論路德維希二世（Ludwig II）或許有些不合時宜。這位被巴伐利亞傳說所掩蓋的處男國王，他贊助音樂家華格納（Wilhelm Richard Wagner），還是出了名的孤僻瘋子國王，十九世紀末就已有多位藝術家懷著滿腔熱情向他致敬。魏爾倫（Paul Verlaine）、格奧爾格（Stefan Anton George）於詩中歌頌他，比昂松（Bjørnstjerne Martinus Bjørnson）、鄧南遮（Gabriele d'Annunzio）嘗試將他寫入戲劇中，莫里斯．巴雷斯（Maurice Barrès）於小說中提及，阿波里奈爾（Guillaume Apollinaire）則常在短篇的怪奇故事中讓他用主角的身分登場。考克多（Jean Cocteau）和達利（Salvador Dalí）也始終對這位國王充滿好奇。而在日本，眾所皆知森鷗外的《泡沫記》即是以這位痛苦的巴伐利亞國王其自殺謎團為背景。至於以悲劇國王為主題的通俗小說或通俗劇，更是多到數不清。

不過，路德維希二世於同樣孕育出希特勒（Adolf Hitler）的德國土壤中萌芽，是最為式微的浪漫主義實踐者，在這個國王失衡的人格中，我看見反映出遠在二十世紀針對藝術與權力的激進危機意識。簡單來說，路德維希二世以藝術家來說是贗品，以國王——亦即當權者來說，也是贗品。然而在另一方面，他則是讓自己置身於一個時代所感知到的瘋癲當中。而這一點，正是使我對其感到好奇的關鍵。這些十九世紀末才華出眾的藝術家所表達出的崇高敬意，證明他們發現了路德維希二世的人格特質，且被強烈吸引。他們靠藝術家的直覺判定，像這樣試圖以瘋癲來補足不可能達到之全能境界的靈魂有多麼了不起。

「你知道巴伐利亞的年輕國王說他想見我吧！今天我被帶到國王跟前伺候。哎，國王真是俊美又高雅尊貴，不但有見識，情感又十分豐富，恐怕國王的人生會被這些瑣事消磨殆盡，就像諸神的未竟之夢。國王懷著深邃而親密的情感，像初戀般熱愛著我。他知道我的一切，了解我就像了解自己的靈魂一樣。似乎不管工作或休息，他都希望我能待在他的身邊演奏。而且不管需要什麼，他都會賞賜給我。你應該沒辦法想像國王那充滿魔力的眼神。我希望國王永遠健康，但又覺得那是不可能的奇蹟。」

當華格納從慕尼黑寄出這封充滿感激之情的信給老朋友威利的太太伊麗莎的時候（一八六四年），路德維希二世剛滿十九歲，幾個禮拜前才剛繼位。從照片中看來，當時的年輕王儲就如同華格納的描述，高挑的身材加上陰鬱眼神中的閃亮雙眸，容顏俊美。雖然這副容貌能窺見某種懦弱或是令人不安又奇妙的脆弱感。「諸神的未竟之夢」指的就是這個吧！因為這位年輕的神，有太多遭受現實打擊就會破滅的夢想。音樂家的慧眼似乎準確揭示了國王日後的悲劇。

也有人說，路德維希二世瘋巔的原因出自於華格納。這個看法雖然極端，卻又不是沒有證據。因為要是按照馬克斯．諾爾道（Max Simon Nordau）的說法——華格納主義（Wagnerism）是精神官能症與退化的表現，那就不難想見，年輕國王那敏感的人格特質使他從華格納主義中吸收了許多危險毒素。尼采不也在他的著作《尼采反對華格納》[1]中提到，這位拜魯特魔法師的音樂裡藏有著會使人生病的危險毒素嗎？尼采此處是針對劇場人與演員身分的華格納加以抨擊，不過從各層意義上看來，路德維希二世的痼疾或許是因為華格納的影響才會惡化。換句話說，根據尼采的說法，將劇場藝術置於所有藝術之上的這個信仰，既是華格納主義的頹廢之處，也是危險之所在。如果是這樣的話，路德維希二世的情況就正好符合。自從十六歲在慕尼黑的劇院觀賞了《羅恩格林》(Lohengrin)而深受感動之後，直到晚年，這位孤獨的國王就只懂得欣賞這種華麗壯觀的場景。而他的人生就像歌劇一樣，得用耀眼浮誇的物品來裝飾。建造於領地各處的豪華城堡使國王聞名，然而這些城堡，說來也不過是劇場而已。那是他為自己而演的劇場。國王熱切盼望自己就是英雄羅恩格林，坐在一艘由天鵝牽拉的小船上。城堡是舞臺布景，對他來說舞臺布景是必要的。華格納引發了路德維希二世對劇場的興趣，然而這項嗜好卻逐漸消磨國王的精神，使他的自閉症狀變得更加嚴重，就像海倫基姆湖宮「鏡廳」裡的鏡子所開的玩笑一樣，國王的世界觀分裂成無數碎片。

依我看來，路德維希二世與尼采之間有幾個共同點。前者生於一八四五年，後者生於一八四四年，他們兩人都同樣地孤僻，不經世故，且同樣對性感到羞恥。兩個人一輩子皆未曾跟女性有過密切往來。而且他們都在青春期就中了華格納的魔咒，幾乎是把華格納當成神一樣地崇拜，因此耗盡了愛與熱情，再從這個音樂家的身邊離開。戒掉「華格納情結」的過程帶給他們兩人如同自殺般的受虐痛苦與快感。當然，巴伐利亞的瘋子國王與命運之愛的哲學家所經歷的人生以及他們表露出的世界觀大不相同。首先，前者沉溺於感性，後者則仰賴理性。不過，我倒不認為這有什麼大不了。重要的是，他們的人生能被描繪成相似的拋物線，一開始是澈底的孤獨，對周遭一切感到厭惡，最後在孤獨之中完全封閉自我，獨自表演，然後發狂死去。根據褚威格(Stefan Zweig)的說法，「尼采的悲劇可說是單人劇。在他短暫的人生舞臺上，除了他自己以外沒有任何人登場。」尼采一面和頭痛、胃痙攣、痙攣性嘔吐以及失眠搏鬥，一面在沒有任何舞臺裝置的房間裡為自己而寫，並朝向滅亡直衝而去。若是將驅動這個稱之為尼采的有機體齒輪裝置之一部分略作變更，我想就會變成巴伐利亞的瘋子國王。

就像尚—雅克．盧梭(Jean-Jacques Rousseau)為了宣揚社會契約思想而利用了十八世紀巴黎社交界的貴婦一樣，華格納為了完成樂劇三部曲，利用了顯赫的維特爾斯巴赫家族(Haus Wittelsbach)的年輕後裔，這已是歷史上的定論。那麼國王收到什麼禮物作為回報呢？就是因為能與華格納的名字連繫，才能在十九世紀的藝術史與思想史上占有不朽的地位。要是沒有跟華格納扯上關係，路德維希二世個人的悲劇應該很快就會被世人遺忘。

接下來想介紹一下路德維希二世那著名的城堡，這是與其相關傳聞的主要部分。不過，他本身所蓋的城堡並沒有傳聞中那麼多，總共有三座城堡。第一座是林德霍夫宮(Schloss Linderhof)，座落於提洛地區的格拉斯山谷。第二座是新天鵝堡(Schloss Neuschwanstein)，鄰近巴伐利亞與提洛的邊境——山城菲森。第三座是海倫基姆湖宮(Schloss Herrenchiemsee)，建造在有「巴伐利亞海」之稱的沼澤地帶的一座島上。雖然並非出自國王之手，但也可以再加上由其父親馬克西米利安二世（Maximilian II）所建的高天鵝堡（Schloss Hohenschwangau）。這座城堡就位在立於懸崖峭壁之上的新天鵝堡下方，呈現出與後者幾乎一樣的趣味與精神。幼年時期的路德維希二世，就是在這座父親的城堡裡迷上了《唐懷瑟》（Tannhäuser）、《羅恩格林》等騎士文學。不過，這座城堡是讓人容易接受的傳統樣式，這一點與其他城堡有所不同。換句話說，高天鵝堡是為了居住而建造的。相反地，路德維希二世所蓋的三座城堡並非為居住所建，只能說是為了愛幻想的人而建造的別墅。他居住於此的期間相當短暫，直到去世為止，他待在新天鵝堡的時間頂多只有一百天左右；至於比新天鵝堡更早蓋好的林德霍夫宮，他待在這裡的期間應該比前者久，因為這裡是路德維希二世用來掩護他跟他喜愛的（男性）演員或歌手不欲人知的戀情的地方；第三座城堡海倫基姆湖宮則因為國王離世前未能完工，國王在這裡總共只待了九天的時間而已。

這些城堡並非全以華格納為主題來藻飾。林德霍夫宮與新天鵝堡的壁畫、室內裝潢以古代中世紀的傳說與詩為主題，並透過華格納的音樂讓古老傳說再次復活。在茂密的冷杉懷抱中，新天鵝堡流露出夢幻劇般的氛圍，還有無數的凸窗、望樓、高塔以及銃眼，如此中世紀風格的神祕外觀令人驚豔。對唐懷瑟的故事著迷不已的國王，也在此處打造了跟林德霍夫宮一樣的人造鐘乳石洞窟房間。當暮色降臨，國王會穿上舊時的騎士裝束，在挑高設計的「王位廳」與「歌劇廳」的壁畫前來回漫步，壁畫充滿崔斯坦（Tristan）、羅恩格林、帕西法爾（Parzival）、瓦特堡歌唱大賽及維納斯之丘等傳奇故事……而且到處都有天鵝。

天鵝裝飾是日耳曼英雄傳說的象徵，林德霍夫宮的洞窟裡也能見到湛藍水中的天鵝。這座城堡雖是以凡爾賽宮為範本，然而風格混亂，反倒像《一千零一夜》當中的城堡。與新天鵝堡類似，在提洛山冷杉林的環繞之下，一年當中約有一半的時間被白雪覆蓋。這裡應該叫作「怪奇凡爾賽宮」才對，然而國王高高興興地暱稱這座城堡為「Meicost-Ettal」（Ettal 有「連結之谷」的涵義）。那是「L'Etat, c'est moi」（朕即國家）的易位構詞遊戲（anagram）。城堡裡的每個房間都掛了路易十五的愛妾與寵臣肖像畫，以及華鐸（Antoine Watteau）、布雪（François Boucher）等畫家的複製畫。國王就這樣緬懷著過去，悲慘地活在想像之中。

至於海倫基姆湖宮則又更上一層樓。這座城堡毫無疑問是完全仿照凡爾賽宮所建造，也就是將所有都榮耀著法國專制王權的神話以及太陽王路易十四。這座城堡不以天鵝裝飾，而是在各處擺上象徵太陽的孔雀。據說「儀式廳」的掛毯以及二十三面窗簾上的刺繡，需要三名婦人花費七年的時間才能完成，其奢華程度由此可見一斑。海倫基姆湖宮的「鏡廳」比凡爾賽宮的還要大，相互嵌合的鏡面高達十公尺，以紅色大理石為嵌板，長達數百公尺的廳內牆面上滿是鏡子。

國王的審美觀看似有著德國民族文學與十八世紀法國兩種不同風格，不過這其實是同一個夢想的正反兩面。從帕西法爾到瑪麗．安東妮（Maria Antônia），同樣的一個夢想不斷地誘惑他，使之成為俘虜，也就是保住自己身為王者尊嚴的夢想。德國騎士文學也好，波旁王朝也好，無論別人怎麼想，只要路德維希二世認定其中有著自己的影子，就別無二致。

因此路德維希二世的城堡不僅是一個夢想的實現，也是一名囚犯所做的抉擇。因為國王雖然逃進了他夢想中的世界，但是當美夢換作大理石、青銅、水晶以及絲綢等現實，在這些人工做出來的實物包圍之下，國王卻又再次為此而痛苦。再美好的夢拖久了也會成為牢籠。

造訪巴伐利亞國王城堡的來客，往往都會對他的品味無言以對。但人們批評路德維希二世的品味，倒不是因為他虛張聲勢、胡搞蠻幹、欠缺平衡或者過度裝飾——也就是說，問題不是出在審美——而是因為他一味誇耀自己身為王者的榮耀，或說是妄自尊大。那是只屬於自己身為國王的樂趣，也是試圖在以石材、黃金及青銅等材料人工搭建而成的現實中，努力重現已失去的往昔——絕對權力理念之樂趣。因此，這座城堡雖然會讓藝術評論家失望，卻能勾起心理學家的興趣。因為這座城堡，屬於藝術領域之外的一個痛苦靈魂。

路德維希二世的一生因為各種愚蠢的傳聞而變得庸俗，然而我們或許能視他為病人，或一位逐漸惡化的精神分裂症患者吧！只要看一下國王從青春時代、臨死前與充滿煩惱的晚年等等不同時期的照片，就能完全理解。青春時期那耀眼動人的美貌與氣質除了稍顯女性化之外，也給人神經質且驕傲自大的印象，不久卻轉變成一種敷衍了事、無精打采的狀態。三十五歲過後變得臉腫脖子粗，高挑的身材再也無法遮掩他那難看的易胖體質。曾讓華格納讚嘆不已「充滿魔力」的眼睛也失去了光彩，變得陰鬱凹陷。眼神飄忽不定，顯得忐忑不安，是夢遊症患者的表情。有一張照片是國王跟他最後寵愛的對象——年輕的猶太演員約瑟夫．凱因茲（Joseph Kainz）——兩人的合照，國王在這張照片中的樣子令人不忍卒睹。他隨便披著毛領大衣，用一種不穩定的姿勢站立，不但難看而且很滑稽。

說到夢遊症患者，路德維希二世雖然對太陽王充滿嚮往，卻絕對不會崇拜閃耀的太陽，他更喜歡照耀在月光或人工冷光之下。儘管如此，月亮似乎對他的精神狀態有著不可思議的影響。他常在夜晚穿上厚厚的鋪毛外套、戴上圓頂硬帽，乘坐由四匹馬拉曳並刻有皇家徽章的黃金雪橇，在月光映照下的雪地中奔馳。另外，據說高天鵝堡的庭園裡設置了人造月亮，用來照耀湖面。對濟慈（John Keats）而言，蠱惑人心的月亮是女性，然而對路德維希二世來說或許是男性吧！阿波里奈爾就巧妙地稱呼他為「月王」，那是瘋癲的別名。

隨著國王的外表產生變化，國王的內在也逐漸凋零。這一點從他的日記——可說是珍貴的記錄——就看得出來。那是從二十六歲開始書寫，直到死前六天為止持續寫了十七年苦悶的靈魂記錄，或許也能稱之為肉慾日記。就像一個屢屢染上惡習的孩子，一面禱告，一面清清楚楚地寫下自己的罪過與悔悟。從國王的日記那不斷發誓又受挫輪迴的單調內容當中，可以清楚看出他那無可救藥的孩子氣。他一次又一次地發誓，但沒有一次做到。路德維希二世是個心智不成熟、總是長不大的人。

在這本日記裡最先出現的名字，是主馬寮*的年輕馬夫理察·霍尼希。他有著美麗的金髮、湛藍雙眸以及結實肌肉的年輕男子，在日記裡被稱為R。國王奮力抵抗著。當然他並未明確寫出其抵抗肉慾的誘惑，但我們看不出除此之外還有什麼需要抗拒的。試著引用其中一節。

一八七一年六月二十九日，到修魯庫司散步。絕對不能忘記四月二十一日在帕格登堡的涼亭裡所發的誓言。不久我就要變成精靈了。感覺自己被清爽的空氣包圍。

我再度發誓。這個誓言就跟我是國王這件事一樣地真實。一定要遵守誓言。九月二十一日之前什麼也不做，而且要試著找出別的辦法。不是都說不要輕易放棄嘛？我得回想一下五月九日的事才行。三次！

這些神祕的數字在日記中是很重要的一部分，也能看出身為神聖君王的自覺似乎是他奮力抵抗肉慾的唯一動機。「百合花的香味。國王的歡欣。在此所發的誓言可以從國王那裡得到力量與魔力」，這是日記其中一段話。這段話所提到的國王，應該是指路易十四。顯然他希望透過像念咒般呼喚法國國王以及法國皇家徽章百合花飾，使其顯靈並獲得庇護。這麼看來，路德維希二世的誓言與其說是在奮力抗拒肉慾的誘惑，不如說是把希望放在魔法詞語上的禱告，說是想完全仰賴他人也不為過。

＊ 負責管理馬匹、馬車裝備，飼養、訓練馬匹，管理牧場與運輸等事務的單位。

日記裡面還有「這三個月要斷絕所有的刺激」、「不能再往前一步了」、「我不會再放縱自己。要是沒做到，就得嚴厲處罰。就用我們的友情發誓吧！無論發生什麼事，我在六月三日之前什麼也不做」等內容。他雖然天生就是同性戀，卻不像多數的同性戀者認同自己的性傾向並且加以合理化。他似乎一直在責備自己。就算問題出在無法跟女性有正常的性關係或者自瀆——其實日記的內容也這麼暗示著——他還是認為自己有罪。他要求自己必須格外純潔與純淨。對他來說，肉慾之類的東西是無法忍受的，因為他是神聖的國王。

路德維希在日記裡畫了百合徽章與太陽光線的稚拙圖案，並且用難以辨識的字跡在下方署名「朕即國王」或「以國王之名」，這是多麼孩子氣卻又自豪的表現啊！彷彿滑稽地模仿著說出「朕即國家」且大權在握的路易十四。但又不能不聯想到，尼采晚年精神失常後，在信上署名的「被釘在十字架上的人」、「反基督」以及「皇帝尼采」。他們無邊無際的孤獨，以及他們從孤獨的無間地獄底層，發出有如象徵性符號般的簡單話語裡那高傲自負，都讓人戰慄不已。唯有無論在現實或思維世界裡已與權力斷絕關係的人，才能表現出如此奇特的傲慢。事實上，路德維希的國王身分，只有對自己來說成立，而尼采的皇帝身分也是如此。就連總是無法抗拒肉慾誘惑的國王，也不能不領悟到，自己甚至連肉體都無法保持國王的神聖。國王的肉體已被玷汙了無數次，有如某種神聖的殘骸，而這件事使他如此苦惱。

巴伐利亞王國是路德維希二世的曾祖父——馬克西米利安一世（Maximilian I）在一八〇六

年受拿破崙一世（Napoléon Bonaparte）冊封而成立的近代國家，以王國來說雖然很新，不過統治該地的維特爾斯巴赫家族，從九世紀的查理大帝（Charlemagne）時代以來就是德國南部的王公世家，也曾被封為邊境伯、選帝侯，而路德維希二世即為其直系子孫。他的祖父路德維希一世（Ludwig I）愛好藝術，然而個性難以捉摸，雖然將首都慕尼黑打造成輝煌的藝術之都，卻因為跟著名的愛爾蘭舞者蘿拉．孟坦思（Lola Montez）的緋聞招致民眾批評，而不得不在一八四八年退位（這跟他的孫子因為對音樂家另眼相待而成為慕尼黑市民的攻擊目標頗為相似）。他的兒子就是下一任國王馬克西米利安二世。這是一位保守且沉默寡言的國王，他對建築充滿熱情，因此蓋了高天鵝堡。皇后來自於普魯士的霍亨索倫家族（Haus Hohenzollern），生了兩個兒子，也就是路德維希二世跟他的弟弟鄂圖（Otto）。鄂圖在兄長遭到廢黜後繼位，直到一九一三年為止，然而他因為瘋癲，等同於廢人，從青年時期開始就一直被監禁於宮中。考量到兄弟兩人的命運，我們不得不認同這個尊貴的家族有著不祥的遺傳性疾病。

奧地利皇后伊麗莎白（Elisabeth von Österreich）是路德維希二世姑婆的女兒。雖然莫里斯．巴雷斯稱其為「孤獨的皇后」，但伊麗莎白不僅貌美，也對文學充滿興趣，她總是乘船遊覽亞得里亞海與愛琴海，幽居於提洛山城過著隨心所欲的獨居生活。她罹患憂鬱症，性情與路德維希相彷，然而不同的是，她總是用優美的詞彙來表達自己的想法。即使在路德維希二世變得越來越孤僻之後，她仍和他有密切的書信往來，她將他比喻為山巔上的老鷹，而自己則是渴望自由的鴿子。因此有人猜測兩人之間有什麼曖昧關係，但這不過是個浪漫傳說而已。

在這個不祥的維特爾斯巴赫家族中，伊麗莎白更是個命途多舛的女性，有多位近親死於非命。她遭遇了小叔被殺、弟妹發瘋、兒子自殺，以及妹妹死於火災等悲慘事故。（這位在巴黎慈善義賣會中遭遇祝融之災的阿朗松公爵夫人，正是年輕時與路德維希二世有婚約的蘇菲〔Sophie Charlotte Augustine〕。他們的婚約已經談妥，甚至連婚禮日期都決定好了，卻被路德維希二世毫無理由地取消婚約。）而且不只是近親遭遇不幸，就連伊麗莎白自己也一樣，她在日內瓦的雷夢湖畔遭到一名來自義大利的無政府主義者刺殺身亡。考克多的悲劇《雙頭鷹之死》（L'Aigle à Deux Têtes）就是以這個事件為背景。

言歸正傳，一八四五年八月二十五日，路德維希二世誕生於慕尼黑近郊的寧芬堡。這座城堡有庭園、湖泊及石像，為後期巴洛克最具魅力的城堡之一，同時也是電影《去年在馬倫巴》（L'Année dernière à Marienbad）的拍攝地點，所以應該有人聽過。不過，路德維希二世的童年主要是在父親蓋在山上的高天鵝堡度過。正如其名所示，這座城堡附近有座湖泊常有天鵝飛來，也能將阿爾卑斯山的美景盡收眼底。雖然身處於極富浪漫色彩的環境中，但他所受的卻是相當嚴格、極端又如同形式主義的教育。他除了弟弟以外沒有任何朋友，幾乎就像是生活在修道院中。

從幼年時期開始，他就對相貌美醜極為敏感。據說他在慕尼黑王宮看到一個其貌不揚的僕人，就哭著把頭轉向牆壁。後來有一次正值聖喬治節，因為有個負責傳令的宮內官長相猥瑣，就想直接開除他，使得周遭的人不知如何是好。雖不知他接受的教育有多嚴格，但看來這名少年似乎對倫理與精神養成毫無關心，只是本能地相信唯有刺激自己的感覺與感官，盡情地沉溺其中，才是通往幸福之道。至於倫理上的要求，他只對自己身為王者這件事感到自豪而已。他只關心自己，別人的事則一點也不在意。

幼年時期的路德維希二世總是待在寧芬堡或高天鵝堡裡，幻想著中世紀的德意志傳說、巨龍、無敵騎士、處女戰士、尼伯龍根族的侏儒以及眾神的英勇事蹟。華格納以嶄新的文學形式呈現這些主題，因此在一八六一年，十六歲的路德維希二世在慕尼黑的皇家宮廷劇院觀賞《羅恩格林》時，從靈魂深處深受感動。他第一次體驗到在夢幻的舞臺上化為真實的奇蹟。少年路德維希想成為羅恩格林。然而狡詐的華格納跟他說：「欲望使人快樂，不過，放棄會帶來更大的歡喜。」多年以後，路德維希不得不明白這個真理。

就像這樣，少年路德維希雖然對音樂、文學以及藝術家深感興趣，卻從未將觸角伸向文化或美的領域。這一點很重要。路德維希在藝術當中一心一意追尋的是脫離與忘卻，他欣賞的是舞臺裝置。他並沒有始終如一的觀點，藝術對他來說不過是他與世界之間的一塊遮陽簾。藝術幫他擋住了盡是恐怖、醜陋又乏味的現實。

路德維希在觀賞《唐懷瑟》的首演時有何反應，當時隨侍在旁的侍從澤姆費爾德是這麼描述的：「當唐懷瑟來到維納斯之丘時，王子的身體開始抽搐。因為抖動得太厲害，我一時還以為是癲癇發作而頗為擔心。」

到了青春期，路德維希開始與他人發展出那著名的奇妙情誼。第一個對象是比他年長兩歲、擔任王子侍從官的年輕貴族保羅公爵（Paul von Thurn und Taxis）。兩人在貝希特斯加登的離宮待了三個禮拜，如膠似漆，形影不離。積極採取行動的應該是王子，而保羅則是對王子的要求感到不安，擔心傳出醜聞因此抽身而退。一八六五年，路德維希與演員埃米爾．羅德遊覽瑞士群山，當時他登上王位已有一年。雖然國王不想讓人知道這趟旅程，但這件醜聞已傳遍全世界。若是考量到路德維希二世的性生活，日記裡提到的馬夫理察．霍尼希就顯得特別重要。

一八六七年五月，國王在貝爾格城堡見到穿著藍色與銀色上衣的年輕馬夫，此時距離他與華格納初次會面已有三年。這位馬夫就是當時二十七歲的霍尼希。兩人的關係急速升溫。或許是因為這樣，國王毫不猶豫地取消他與蘇菲進行中的婚禮。國王透過他與霍尼希之間的關係，第一次清楚知道自己命中註定的性取向。不可思議的是，國王與華格納的精神連結絲毫沒有因此受到阻礙。雖然霍尼希與華格納的教名都是理察，但是對國王來說，這兩個人屬於完全不同的次元，他們兩人的存在更像是互補。相反地，國王心中並沒有蘇菲的容身之地。

處男國王的稱號就是這麼來的。路德維希在面對女性時，就像見到布倫希爾德（Brynhild）的齊格菲（Siegfried）一樣恐懼不安。不過，齊格菲的恐懼來自他對女性的愛戀激情，而國王則完全沒有這樣的強烈情感。他退婚後，在日記裡寫下「鬆了一口氣。我想要自由、渴望自由。終於從惡夢中醒來」這樣的自白。他邀請到宮中的女性只有女伶與歌手而已。不過，他對女性的態度親切，也並非不懂得如何殷勤體貼。而且他純潔清白（？）的形象，以及年輕時的俊美，頗受女性仰慕也是事實。

處男國王與霍尼希的關係維持了將近二十年之久，國王的寵臣之中沒人像他一樣與國王一起生活了這麼長的時間。霍尼希既是國王的快樂，也是苦惱；既是罪過，也是悔恨。林德霍夫宮的豪華床鋪，屢屢因為他而玷汙。一八七三年，國王愛上了法國的年輕貴族維利庫爾，一八八一年則試著跟演員約瑟夫・凱因茲去瑞士旅遊，但無論哪個都很快就分手。

話說回來，華格納不可能不知道國王的同性戀傾向，然而他似乎是因為自尊心與虛榮心作祟，假裝相信贊助者對自己的熱烈支持並非出於私情。或許真是這樣沒錯。這麼說是因為國王只有在面對華格納時可以把欲望昇華。這是一個特例，證明了音樂家的才華。音樂家跟國王的關係是清白的。有關這一點，我們可以從國王後來的日記內容得知。為了不屈服於肉體的誘惑，他在日記裡提到華格納的名字就像咒語一樣。音樂家若是國王的共犯，國王就絕對不會在日記裡如同純潔的守護神般地提到他的名字。

一向小心謹慎的華格納，也曾在信件裡失言。他在寫個某位女性友人的信中提到：「難道就因為有了國王的愛，我就不能有女人嗎？這我當然是做不到。不過，要是沒有女人也能過日子的話，那我覺得也很好。而且看著國王的照片，我就覺得應該能做到。」這樣的心態原本就無法持久。更何況沒有女人的華格納，根本就讓人無法想像。

華格納曾明確說過，國王完全不懂音樂。至於國王的藝術鑑賞力如何，也是從以前就被多次討論的事。的確沒有人可以肯定地說，相較於舞臺上帕西法爾的銀色盔甲，國王更喜歡音樂本身。然而國王雖住在慕尼黑，卻從未造訪過著名的美術館，也從未買過什麼藝術作品。在大多酷愛藝術的歷代巴伐利亞國王當中，像這樣的國王應該只有他一位。他究竟是不是對繪畫作品不感興趣？不過說真的，粗糙的彩色石版畫就能讓他滿意。他對美這種東西並不過分執著，只要有外形相似的仿製品或者虛偽表象，就能滿足他。有這麼缺乏獨創性的國王嗎？凡爾賽宮再怎麼說也是路易十四的原創作品，然而巴伐利亞的瘋子國王所蓋的城堡全都是仿製品，城裡的家具用品全都像一個模子印出來似的。他很注重作品是否逼真傳神，甚至到了可稱之為「糞寫實主義」的程度。有一次，他讓不知名的畫家去修改宮廷畫家考爾巴赫（Wilhelm von Kaulbach）所畫的壁畫，只因壁畫中的天鵝不同於他所想像的完美姿態。

國王常在新天鵝堡舉辦華格納音樂的演奏會。另外，他也喜愛席勒（Friedrich von Schiller）、莎士比亞（William Shakespeare）以及雨果（Victor Hugo）等人的戲劇作品，並會找他喜愛的演員到城堡來朗讀或表演。據說就為了國王這一位觀眾，慕尼黑的劇院特別安排了兩百一十場的戲劇或歌劇表演。負責道具的人得在演出時穿著毛氈鞋，以免發出聲音。舞臺籠罩於黑暗中，直到深夜十二點才亮起，預告著國王即將蒞臨。國王像是有所顧忌般地隱身於鋪設紅色天鵝絨布的觀眾席中，獨自望著舞臺。據說對著空空蕩蕩的觀眾席表演的演員，時而感到毛骨悚然。在夜晚的庭園欣賞噴水池在燈光映照下的光影變化，或觀賞或紅或綠的煙火，都是國王的一大樂事。若針對這些事項綜合考量，如同先前提過，只能說最符合路德維希二世性格的，就是華麗壯觀的藝術。

國王每年都會前往尚未完工的海倫基姆湖宮一趟，每天晚上都把廣闊的「鏡廳」裡吊掛燭臺上的三千根蠟燭全部點燃，只是為了讓國王、國王的理髮師，以及馬夫霍尼希這三個人欣賞而已。在空空蕩蕩的大廳裡，壁面上滿滿的鏡子映照出無數的金雕銀飾與閃爍燭光。從晚上九點到隔天早上六點，國王就只是毫無意義地在「鏡廳」裡來回漫步。而忠心耿耿的霍尼希也不得不陪伴國王站著直至清晨。

由於財政困窘，有些城堡只完成設計卻未曾施工，例如法爾肯施泰因堡等。仿照北京故宮的中國風城堡，以及拜占庭風格的城堡也在名單當中。「由於國庫堪憂，我曾堅持要蓋的城堡也不得不停工，我失去了人生最大的樂趣」，這是國王在他死去那年，也就是在一八八六年的年初寫的。然而直到他澈底死心為止，他試過命令、哀求、怪罪、發怒或以自殺威脅等種種辦法，無論如何就是要弄到錢來蓋城堡。債臺高築，就連承包商都不願再繼續施工。即使如此，他仍無法放棄夢想，甚至還認真考慮過要賣掉巴伐利亞的國土來籌措資金。

如此執著之下蓋好的城堡，不同於其他城堡也是理所當然。可說是品味很差？那也當然。對這麼幼稚的人來說，必須花費龐大金額建造的城堡就像是玩具一樣。換句話說，那是空虛與虛幻的建築物，也該稱之為超越一切實用性的超現實作品。要是把它想成是國王心目中的最後一項豐功偉業，甚至會讓人覺得感傷。這些城堡有幽靈、骨董以及跟不上時代潮流的虛榮存在其中，所有的一切都是假的，但同時也是真的。這是因為建造了這些城堡——也該稱之為國王的化身——的國王，是真實存在過的人物。

「與世上為自己建宗廟的君王侯爵同在。」

——《約伯記第三章》

已故作家久生十蘭先生曾寫過國王晚年的奇怪瘋癲症狀與謎樣自殺事件，我也希望哪天能再來寫寫這些故事。

書目註記

1. Nietzsche contra Wagner, Friedrich Wilhelm Nietzsche, 1896.

二十世紀的魔法師

二十世紀俄羅斯

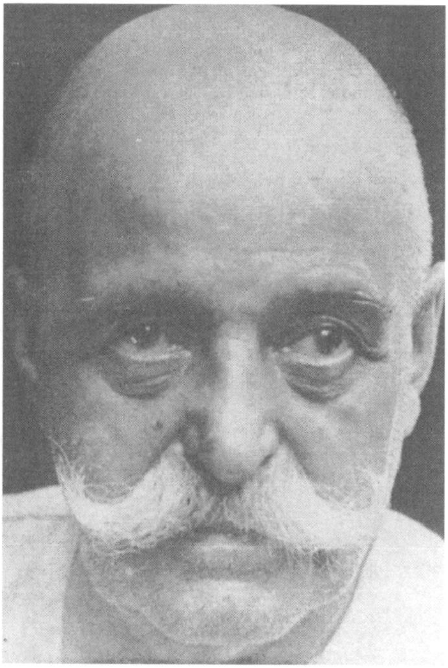

圖2　晚年的葛吉夫

我在閱讀柯林．威爾森那本備受好評的散文隨筆《局外人》[1]的時候，第一次看到二十世紀俄羅斯的魔法師「喬治．伊凡諾維奇．葛吉夫」(George Ivanovich Gurdjieff) 這個名字。威爾森在書中很有技巧地說明葛吉夫的神祕思想，並且提到，「其作法似乎可被視為一套完整而理想的存在哲學」。從那個時候開始，我始終不曾忘卻他的名字，後來找來兩三本評傳翻閱之後，更是越來越感興趣。

我大量閱讀古今中外的魔法師評傳，並非只對新鮮事物感到好奇，而是跟威爾森一樣，想知道他們對「人類如何才能將意識範圍擴大」這個問題能給出什麼肯定的答覆。威爾森似乎認為，物質充裕的文明「缺少奮發向上的精神」，因此尋求其解決之道，他不去關注理性的哲學，而是將注意力放在宗教與神祕思想，這也是理所當然的作法。我這幾年也朝著相同方向尋求所謂的「精神高潮」。根據湯恩比教授 (Arnold Joseph Toynbee) 的說法，中華文明與拜占庭文明之所以停滯不前，是因為在放逐了宗教的亡靈之後，卻未見到近代科學誕生，然而要填補這個精神上的空白，就只有文藝復興(回歸古代)。另一方面，就算是走過復興時期、放逐古代的亡靈，並在其後以近代科學為根基的西洋文明，其新文明之武器——也就是科學——並非針對人的內心層面，而僅僅是以外在的大自然為對象。這一點值得注意。人的內心層面，以往是宗教家才能處理的禁忌領域。新進誕生的科學避開這個由宗教家獨占的禁忌領域，把注意力放在至今尚未開發的領域——也就是外在的大自然——可說是理所當然。所謂的科學，原本就是這麼形成的。那麼在近代，又是誰強行闖入了這個禁忌領域呢？在我看來，那就是被稱為魔法師的一群神祕思想家。

蘭波（Arthur Rimbaud）夢想成為先知，想讓所有的感覺處於「有組織的混亂狀態。」尼采夢想成為超人，他說要接受所有的苦惱，更要愛你的命運。這些十九世紀的詩人與哲學家的理想，基本上也跟魔法師想達到的「精神高潮」方向一致。葛吉夫在一九二二年從俄國動身前往巴黎傳授他的祕傳奧義時，許多西方知識分子正處於兩次世界大戰之間動盪不安的局勢中。那場有如虛無煙火般的超現實主義運動（surrealism），就是發生在這個時期。葛吉夫身邊有如祕密結社般的氣氛，在這場前衛的藝術運動當中也能觀察到。而且有人說，在希特勒所領導的第三帝國領袖小團體當中，也能感到類似氛圍。關於這一點，之後還會詳細說明。兩者的訴求恐怕是同樣的。

葛吉夫在英美法等國傳授其學說與肉體修練方式大約有三十年的時間，身邊聚集了許多信徒。身旁的弟子都認為他會施展某種透視術或催眠術。羅姆．蘭多在《上帝是我的冒險》[2]這本著作中提到大約一九三〇年代在紐約和葛吉夫會面的狀況。據說他與葛吉夫交談時，感覺兩腳逐漸失去力氣，也因為緊張不安，胸口像是被重物壓住一樣。另外，在同一本書當中，作者也引述了其友人——某位美國作家——所說的話，提到以下奇特狀況。事情是這樣的，這位美國作家在某個聚會中坐在某位女作家旁邊，他看到這位女作家的臉色漸漸變得蒼白，甚至差點暈過去，因而大吃一驚。這場聚會葛吉夫也有出席。後來她恢復平靜，作家問她怎麼一回事，據說她是如此回答。「雖然很羞恥，但我還是說吧！剛剛和你的朋友（葛吉夫）對到眼。那個人目不轉睛地看著我，我感覺就像是正被他愛撫著一樣。」此外還有許多例子能證明葛吉夫具備異常的能力，例如他看起來比實際年齡還要年輕、重度勞動後沒有一絲疲倦，而且睡眠時間只需要兩三個小時。

葛吉夫的信徒中不乏著名知識分子，例如英國的文學評論家歐拉格（Orage）、《每日先驅報》（The Daily Herald）的主編羅蘭．肯尼（Rowland Kenney）、全球知名的美國建築師法蘭克．洛伊．萊特（Frank Lloyd Wright）、紐約著名外科醫師沃基博士、《紐約政治家報》（The New-York Statesman）的創辦人夏普、物理學家約翰．戈多芬．貝內特（J. G. Bennet）、讓喬伊斯（James Joyce）的《尤利西斯》（Ulysses）得以問世的雜誌《小評論》（The Little Review）的創辦人瑪格麗特．安德森（Margaret Anderson）、榮格（Carl Gustav Jung）的弟子——精神分析學者楊博士、小說家阿道斯．赫胥黎（Aldous Huxley）、契訶夫夫人（Olga Knipper）、莫里斯．梅特林克（Maurice Maeterlinck）的第一任妻子——歌劇女高音喬治特．盧布朗（Georgette Leblanc）、女性作家凱薩琳．曼斯菲爾德（Katherine Mansfield）、英年早逝的法國詩人勒內．多馬爾（René Daumal），以及演員路易．茹韋（Louis Jouvet）等人。在這些弟子當中，哲學家鄔斯賓斯基是最早跟隨葛吉夫的忠心弟子，透過其著作《探索奇蹟》[3]（一九五〇年）致力於推廣老師的哲學。

曾和美國時期的葛吉夫有過往來的文學評論家高爾罕．曼森表示：

「葛吉夫對我來說是個謎。要說他是教主嘛，我倒覺得更像是文藝復興時期的神奇人物」，並且還說：「他並未主張他的思想是自己獨創的，甚至還明確表示源自於極為古老的科學，透過祕傳學派才得以流傳下來。他有獨特的幽默感，他扮演的是劇作家的角色。」

魔法師葛吉夫究竟是什麼樣的人物？我們接著就來探探他的底細。

如同所有的神祕思想家，葛吉夫的一生有許多不明之處，但似乎能確定的是，他在一八六六年出生於高加索地區的亞歷山德魯波利斯這座小城市，父母親都是希臘人。站在城裡的山坡上，即可遠眺據說為諾亞方舟擱淺之處的亞拉拉特山的雪白山峰，很像《舊約聖經》中的景象。他在這裡度過幼年時期，學習醫術，接著似乎有很長一段時間雲遊四方。一般認為，他是為了學習自古流傳至今的東洋祕傳心法而行腳各地。他花費二十年或二十五年的時間走訪了西藏、波斯、烏茲別克以及突厥斯坦等地的佛寺僧院，努力學習無法輕易掌握的祕傳奧義。雖然無法確切知道他去過哪些地方，不過根據羅姆·蘭多的著作內容，在第一次世界大戰爆發之前，有目擊者證實葛吉夫那時就在西藏的首府拉薩。令人訝異的是，他當時是以俄國政府祕密情報人員的身分滯留該地，同時擔任西藏政府的財政與軍事顧問。據說在英軍越過喜馬拉雅山脈入侵西藏時，他與達賴喇嘛一同撤離。

葛吉夫在一九一四年返回俄國，當時四十八歲。他開始在莫斯科、聖彼得堡招收弟子，以傳授他在東洋習得的祕傳奧義。那是哲學以及隨著音樂活動身體的體操或舞蹈般的肉體訓練。到了一九一七年，十月革命爆發，葛吉夫突然離開了俄國本土，回到他的故鄉高加索地區。雖然無從得知當時這個帶有神祕主義色彩的祕密社團與紅色革命有何關係，但總之葛吉夫避開了陷入動亂之中的俄國本土，輾轉遷移到亞歷山德魯波利斯、葉先圖基、提比里斯等黑海沿岸城鎮。鄔斯賓斯基等少數弟子收到通知前往提比里斯，並在一九一九年再度於此地設立學校。後來又遷校至君士坦丁堡，甚至到了歐洲，在柏林、倫敦等地開辦學校。葛吉夫被迫離開倫敦可能是因為他曾以俄國情報人員的身分待在西藏的事情被曝光。於是他只好前往法國，法國總統彭加勒（Raymond Poincaré）對他頗為友善，也許是因為戰事發生時，葛吉夫曾在印度或小亞細亞為法國政府提供過什麼援助吧！

一九二二年，葛吉夫在法國安頓下來之後，在楓丹白露附近的雅芳購入古堡並開辦名為「人類和諧發展教會」的學校。從這個時期開始，他所推行的活動開始受到歐洲知識分子關注。

楓丹白露的森林學校裡有六、七十位男女弟子，過著奇特的團體生活。其中有一半以上是流亡國外的俄羅斯人，其他則是英國人，法國人連一個也沒有。生活極為儉樸，提倡禁慾，所有的弟子從早到晚都從事重度勞動作業。利用廣大的土地開設農園，飼養牛、豬等家畜。他們將勞動視為一種心理治療，是能夠獲得「自覺」的有效方式。

此外也能透過其他方式來獲得「自覺」，例如葛吉夫自己發明的舞蹈。一九二三年，巴黎的香榭麗舍劇院盛大展出了葛吉夫的弟子所表演的舞蹈。葛吉夫在一九二四年停留美國期間，也舉辦了好幾次這樣的活動。隨著東洋風格的奇妙音樂聲與太鼓的敲擊聲，在舞臺上不斷重複有如古代祭禮中樂蹈般的象徵性動作。也有人說，那有點像是伊莎朵拉．鄧肯（Isadora Duncan）的自由舞蹈。巴黎人和紐約人大為驚奇，報紙以大篇幅報導這則新聞。

寫到這裡不能不說明一下葛吉夫傳授給弟子的哲學內容。首先可視為出發點的，是一種有如決定論的看法——人類完全處於迷妄的狀態，被剝奪了自由意志，只是像機械一樣受狀況擺布。但只要換個角度，這麼悲觀的看法也能立即轉變成人類發展所不可或缺的原動力。人類的意識可分成三種狀態。第一種狀態為「睡眠」，第二種狀態為「清醒的意識」（一般人的生活態度即為此狀態），第三種狀態則是「自覺」。就算白天想保持清醒，但一般人其實只是以睡眠的狀態活著而已，這些都只不過是「主觀性的意識」。那麼該如何打破這個主觀性的意識，讓自己真正清醒，並且提升到自覺的狀態呢？首先第一步是必須領悟到自己並非自由的主體，而只不過是完全如同機器般的存在而已。另外還必須透過打破慣例的某種突發事件，或者來自清醒者的勸說等，讓自己的意識永遠保持在上緊發條的狀態。集體勞動或舞蹈就是一種有效的方式，因為人類絕對沒辦法靠自己一個人就達到自覺的狀態。

在葛吉夫獨特的學說當中，還有「中心」的概念。人類有七個中心，分別管理各項功能。除了情感的中心、運動的中心、智慧的中心、本能的中心以及性的中心之外，還有兩個更高層次連本人也未能察覺，位於潛意識深處的中心。遺憾的是，人類傾向於將這些中心混為一談。當他們想讓智慧運作時，卻耗損情感的能量；當他們想讓情感運作時，則是耗損本能的能量。但若是想達到真正的自覺狀態，就要注意讓這些中心保持平衡，不要白白浪費能量。據說葛吉夫曾對鄔斯賓斯基說過：「要是性的中心能靠自己的能量運作，那就再好不過了。」

有趣的是葛吉夫談論如何分辨「主觀性的藝術」與「客觀性的藝術」的這個部分。葛吉夫表示，世人一般稱之為藝術的東西，只不過是主觀性的藝術，對他來說那樣的東西不配稱為藝術。他並且還說：「客觀性的藝術不僅能帶來心理學上的效果，也具備實質效果。例如就有音樂能立即致人於死。耶利哥的城牆因為音樂而坍塌的故事，是客觀性的音樂傳說。一般音樂絕不可能造成城牆坍塌，然而客觀性的音樂則可以做到。因此藝術並非僅是一個名詞，而是某種更了不起的存在。在我們日復一日的生活中，只可能產生主觀性的藝術。客觀性的藝術至少得要有客觀性的意識所散發出的光芒才行。想要從中發展出什麼，必須要有極度的內在統一與極度的自我控制。」

以上簡單介紹了葛吉夫關於「自覺」的理論、關於「中心」的理論，以及關於「客觀性的藝術」的理論，我想讀者應該不難發現，這三個理論至少是建立在前後一貫的原理之上。簡單來說，那是將人類意識擴大的努力，暗示著人類可因此獲得新的能力。葛吉夫的自我控制能力驚人，他有堅強的意志力，絕不讓自己陷入憤怒、不安、厭惡等徒勞無益的負面情緒之中，這一點可從許多人的證詞中獲得證實。據說他雖然常讓怒氣爆發，但一旦達到目的，就會馬上收回怒氣，恢復以往的平靜語氣。

肯尼斯．沃克（Kenneth Walker）證實說：「我從未看過有人像葛吉夫這樣知識淵博、精力充沛，並且對恐懼完全免疫。而且他雖然年紀大，卻可以比別人工作得更久。」從照片中可以看到他的外形相當有特色，給人活力十足的印象。中年過後，如同土耳其太守般光溜溜的頭頂（甚至給人一種猥褻的感覺）帶有紅黑色的光澤，眼神銳利，蓄著粗八字鬍。姑且不論他只是遠遠望著女性就能撩撥她們的情欲是否為真，光是從他戲謔性地凝視美國女作家就讓她感到羞恥又狼狽不堪的事件看來，我想他對異性有充分的吸引力。也有傳聞指出，他在美國有好幾個私生子。

既然提到了女性作家，那就順便來談談對葛吉夫的思想頗有共鳴的凱薩琳．曼斯菲爾德女士。她在肺結核狀況惡化後離開她的丈夫——文學評論家約翰．米德爾頓．默里（John Middleton Murry），獨自前往楓丹白露的森林住進教會裡，並在一九二三年長眠於此地。這件事理所當然成為醜聞。她都病得快死了，還每天在這裡辛苦工作，晚上就在寒冷的牛舍夾層鋪著草蓆睡覺。不過，她的丈夫只是委婉地回應如下：

「我沒有權利批評葛吉夫的教會，我並不知道凱薩琳是不是因為待在那裡才這麼快就死了。我能確定的只有一件事，那就是凱薩琳為了進入愛的國度，必須讓心靈重生，所以她運用了教會的自我毀滅理論。我相信她做了自己想做的事，而教會則為此提供了協助。我能說的就只是這樣而已。」

凱薩琳在教會裡悲慘死去的消息傳開時，有許多好事者到處散播謠言，然而此時葛吉夫卻動身前往美國。前面也有提過，葛吉夫這個時期正在紐約推廣那項舞蹈。不久葛吉夫返回歐洲，卻在開著自己常開的大型自用車時發生嚴重事故，連頭蓋骨都裂了。醫生認為他大概沒救了，但他的傷卻很神奇地快速復原。

因為從這場車禍中死裡逃生，葛吉夫將位於楓丹白露的學校關閉並賣掉城堡，在一九三四年搬到巴黎星形廣場（戴高樂廣場舊名）附近的公寓。這個階段可算是他人生的第三個時期，他那魔法師的稱號，就是始於這個時期。

在那之前，他總讓人感覺像是在街頭賣藥的江湖郎中，有幾分可疑。無論是公開表演舞蹈還是教會的活動，都稍能感覺他在刻意營造魔法師的形象。但是在一九三四年之後，他回復了原本的姿態。教會活動並未停止舉辦，而且在巴黎、里昂、倫敦、紐約、南美以及奧地利等地都有分會，規模越來越龐大，只是營運和管理都交由弟子負責，他自己則是在巴黎的公寓裡，跟幾個弟子根據自己寫好的草稿準備課程。這個讀書會無論誰都能參加。

葛吉夫的思想主要是由他的發言人——也就是他的弟子鄔斯賓斯基——來傳達，不過他本身也並非沒有任何著作。他在楓丹白露的學校關閉後，用希臘語、亞美尼亞語、俄語，以及蹩腳的英語和法語寫出了數量驚人的原稿。這些原稿的內容，主要是幻想性的寓言故事。根據他的說法，這些故事是以他在西藏、小亞細亞的僧院停留期間累積的知識與經驗為基礎。原稿寫成後交由弟子打字，然後存放在公寓裡的架子上。據說有名美國婦人支付了一千美元，才得以翻閱二十頁的原稿。不過，關於葛吉夫的這些故事，借用柯林．威爾森的說法是「晦澀難懂的程度不輸給喬伊斯的《芬尼根的守靈夜》[4]」，一般人終究是無法看懂。因此葛吉夫所舉辦的讀書會，據說氣氛有點怪。讀書會是由一個弟子朗讀草稿並加以解說，然而圍坐一圈的聽眾卻聽得一頭霧水。到了晚年，葛吉夫或許是對身邊弟子的愚蠢感到厭煩，據說他就只是把自己深深埋進沙發裡，一逕地抽著菸冷笑，再也不出面講解了。

葛吉夫死後，部分草稿被翻譯成英文，以《萬有一切》[5]的書名出版。這本書厚達一千二百頁，以晦澀的英語寫成，據說很難看懂。書中內容是某種科幻風格的寓言，主要人物是別西卜魔王，來自於遙遠宇宙中的行星卡拉達斯星球。別西卜魔王有蹄、有角，也有尾巴，類似於基督教中的惡魔形象。年輕時的魔王相信宇宙的運行狀況有異而試圖加以修正，卻因此遭受神的懲罰，他被摘除犄角且流放到遙遠的太陽系，就像叛逆天使一樣。所以他走訪了火星、土星，接著來到地球。他在這些星球做了許多好事，因此在幾個世紀過後，獲得神的赦免，得以返回他的故鄉卡拉達斯星球。故事是從正朝向卡拉達斯星球出發的太空船內展開的。魔王有個孫子叫作哈桑，他在旅途中向這個孫子談起他曾去過六次的地球。魔王首次來到地球，是在亞特蘭提斯文明的興盛時期，最後一次來訪則親眼目睹了一九二一年的美國。

別西卜魔王對宇宙的進化發展所知甚詳，而他無疑可被視為作者葛吉夫的哲學代言人。根據魔王的說法，宇宙曾經發生過劇烈變動，有兩片碎片從地球向四周迸散，其一為月球，另一個衛星則是連天文學家也還不知道的不明天體。魔王就像是文明人去到非洲的蠻荒大地般解說地球上的人類歷史與社會。

為了教育孫子，別西卜魔王所談論的主題涵蓋了許多領域。例如戈壁沙漠的古文明、佛教教義、最後的晚餐的意義、猶大回復其名譽、聖米歇爾山修道院（Mont Saint-Michel）的建築物所具備的玄妙意義、永恆運動（perpetual motio）、電的神祕之處、斯芬克斯的謎題（The Riddle of the Sphinx）、波斯的一夫多妻制、客觀性的音樂、梅斯梅爾（Franz Anton Mesmer）所遭受的迫害、英國對運動的崇拜與美國食品的危害、土星上的真空實驗，以及李奧納多·達文西（Leonardo da Vinc）如何發現客觀性的藝術的祕密等。

根據高爾罕·曼森的意見，史威夫特的《木桶的故事》[6]是跟葛吉夫的寓言故事最接近的作品。曼森並且還提到：

「《萬有一切》這部作品被認為缺乏統整性，一開始並未獲得什麼好評，但這本書經得起時間的考驗，它一定會逐漸吸引許多人注意，最後大家就會試著用不同的角度來理解它的內容。」

究竟是怎麼樣呢？

喬治．伊凡諾維奇．葛吉夫死於一九四九年十一月，享年八十三歲。他被送到納伊的美國醫院，在許多弟子圍繞之下驟然離世，就像是已經活得不耐煩了一樣。

前面也有提到，葛吉夫曾在西藏祕密從事政治活動，不過一般認為，這位具行動力的神祕探求者並不渴望權力，只是似乎很難否認他的名字常與納粹領導者那不祥的名字扯上關係。路易．鮑威爾斯在其著作《葛吉夫先生》[7]中指出，葛吉夫跟卡爾．豪斯霍弗爾（Karl Haushofer）是多年好友。

豪斯霍弗爾是知名的地緣政治學者，也是神祕主義者。他在納粹取得政權時，一躍成為第三帝國最重要的意識形態代言人。他曾以陸軍軍官的身分前往印度、西藏、西伯利亞等地調查地理狀況，也曾在明治末期走訪日本。他在慕尼黑大學執教時，魯道夫．赫斯（Rudolf Hess）——後來當上副元首卻精神錯亂、開著一臺梅塞施密特戰鬥機逃往英國的男人——擔任其助教。赫斯把豪斯霍弗爾介紹給希特勒。希特勒在一九二三年發動政變失敗，被送入蘭茨貝格的監獄服刑，這段期間豪斯霍弗爾幾乎每天都去探訪，跟希特勒在監獄裡暢談政治與哲學。《我的奮鬥》（Mein Kampf）當中的許多內容，應該都參雜了豪斯霍弗爾的思想。

話說回來，葛吉夫在第一次世界大戰前滯留西藏的那段期間，豪斯霍弗爾也在該地，據信兩人之間有密切往來。對神祕學相當熱衷的這兩個人，後來似乎仍長期往來。據說納粹之所以選擇

「卐」（反萬字）作為黨徽，是因為葛吉夫向豪斯霍弗爾這麼建議。卐是藏傳密宗自古流傳下來的。

豪斯霍弗爾在一九二三年根據西藏巫術理論成立祕密社團「圖勒協會」（Thule Society），當時葛吉夫在法國。後來深受希特勒倚賴的御醫莫雷爾博士（Theodor Gilbert Morell）是豪斯霍弗爾在這個組織裡的得力助手。莫雷爾博士在同一年成功讓希特勒、希姆萊（Heinrich Luitpold Himmler）加入協會，後來戈林（Hermann Wilhelm Göring）、羅森堡（Alfred Ernst Rosenberg）也成為協會的一員。

西藏傳說有著跟北歐神話相似的末世觀。人們相信戈壁沙漠曾有過高度文明的社會，卻因為發生劇烈變動，一下子成為荒涼沙漠。倖存下來的人有部分遷移至歐洲北端，另一部分則搬遷至高加索地區。「圖勒協會」以這個西藏傳說為核心教義，並且認為來自戈壁的移民是純正的雅利安人種起源，他們終將會稱霸世界——這樣的想法跟葛吉夫在《萬有一切》中的哲學極為相似。這不只是因為他談論的是埋藏在戈壁沙漠中的文明。因為葛吉夫所提出的自覺哲學，也就是一種超人思想，歸根究柢是人類進化論，而那正是末世觀與烏托邦論的結合。

在第二次世界大戰中潰滅的第三帝國領導者，有半數篤信東洋魔法與神祕思想——這件事似乎還不太為人所知，但若是讀過路易．鮑威爾斯的著作《魔法師的清晨》[8]，就會覺得值得一信。納粹神祕主義與西藏祕傳奧義之間的關係雖讓人意想不到，但關於這一點倒是有些資料可以佐證。據說在豪斯霍弗爾的指導之下，希姆萊等人相當熱衷於占卜，他們總是用西藏的木牌和數學用表進行占卜。希特勒也是因為占卜的結果，才預知了羅斯福（Franklin Delano Roosevelt）的死訊。另外，希特勒也常跟他的親信勞施寧（Hermann Rauschning）等人說，他們一直在進行的革命是一個新宗教。

柏林與慕尼黑都在一九二六年設置了可供印度人、西藏人居留的小區域，據說「圖勒協會」因此得以跟西藏政府祕密往來。雙方所締結的條約之一，就是殺生獻祭。推估有七十五萬名波希米亞人遭到殺害，似乎只是基於巫術上的理由。這項嗜血儀式的執行者，就是在紐倫堡審判中被宣判死刑的沃爾弗拉姆．西弗斯（Wolfram Sievers），而用異常的狂熱來督促這項儀式的執行者，則是宗教狂海因里希．希姆萊。

巫術完全存在於納粹的哲學中，但令人驚訝的是，這個巫術思想結合了近代科學與技術。或許是因為這樣，我們才會忘記前者深深地扎根在納粹主義當中。

據說俄軍攻入柏林的時候，在戰火肆虐過後的斷垣殘壁中，發現了一千五百具穿著德軍制服的藏人屍首。他們都是西藏的志願兵，在希特勒自殺後拿著槍衝上街頭與俄軍戰鬥後自裁。

順帶一提，史達林（Joseph Stalin）似乎對德國的「圖勒協會」知之甚詳。史達林來自喬治亞，可說是葛吉夫的同鄉。他在亞歷山德魯波利斯的神學院裡，跟這名少年時期的魔法師有過同窗情誼。不過，據說史達林相當鄙視沉迷於巫術的國家領導者。

根據最近（一九六六年十月）的報紙內容，戰後被判處終身監禁的魯道夫・赫斯高齡七十二歲，仍在柏林的斯潘道監獄中活得好好的。紐倫堡審判過後二十年，在斯潘道監獄裡服刑的七人當中，有六人已經離去（其中三人死亡），只有背號七號的犯人還健在。雖在監獄中仍不忘翻閱占星書的老囚犯。赫斯的背號七號指的是從載送戰犯的卡車下車的順序，就連離去也是第七個。

書目註記

1. The Outsider, Colin Wilson, 1956.
2. God is My Adventure: A Book on Modern Mystics, Masters and Teachers, Rom Landau, 1935.
3. In Search of the Miraculous, Peter D. Ouspensky, 1949.
4. Finnegans Wake, James Joyce, 1939.
5. All and Everything, George Ivanovich Gurdjieff, 1950.
6. A Tale of a Tub, Jonathan Swift, 1704.
7. Monsieur Gurdjieff, Louis Pauwels, 1954.
8. The Morning of the Magicians, Louis Pauwels, 1960.

活過一場的夏呂斯男爵

十九世紀法蘭西

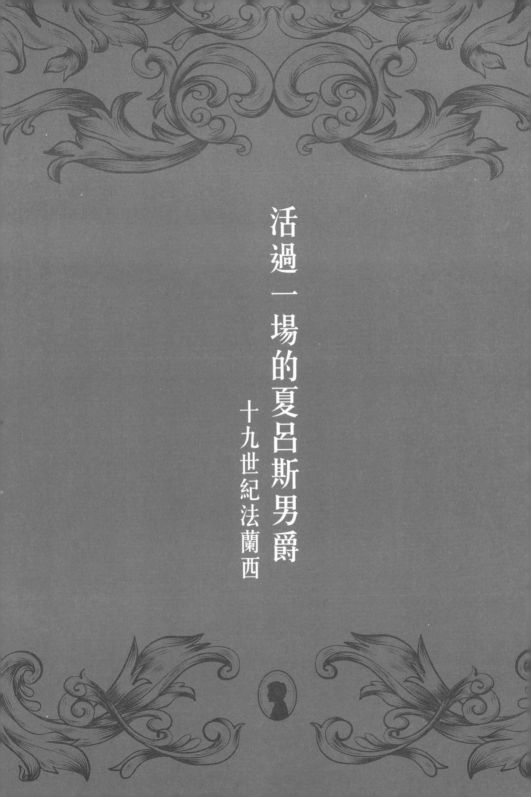

圖3　羅貝爾・德・孟德斯鳩，由杜塞特（Henri Lucien Doucet）所繪

我對傳說中普魯斯特（Marcel Proust）晚年的奇特倒錯嗜好一直很有興趣。

這件事已經超過十五年了，當時還是學生的我曾被頹廢派作家莫里斯·薩克斯的自傳體小說《魔宴》[1]深深吸引。據說薩克斯在二戰末期死於漢堡市的地毯式轟炸。這本暢所欲言的自傳是在作者死後由柯瑞亞書店出版（一九四六年），而書中所描繪的普魯斯特形象果然引發了醜聞。安德烈·莫洛亞的《追憶馬塞爾·普魯斯特》[2]當中也簡單提過薩克斯自傳裡的問題點，不過我想照著薩克斯的描述，再稍微詳細地介紹普魯斯特式的地獄伏魔殿。

薩克斯去的那間奇特的店，是在巴黎某處掛著公共澡堂招牌的祕密男妓院，一進門就會看到收銀臺，這間店的老闆阿爾貝（Albert）就坐在那裡。阿爾貝當時五十歲，是個禿頭、兩鬢斑白、薄唇、藍眼且側臉角度極為尖銳的男性，眼神有著布列塔尼人的光芒。他總是倨傲地坐在收銀臺前，除了幫客人結帳的時間以外，都在翻閱歷史書籍或系譜學概論。他年輕時一心想到巴黎發展，因此拿了布列塔尼神父所寫的推薦信來到首都，一開始在D公爵的宅第擔任僕役，後來獲得R公爵賞識，成為他家的僕人。據說在那個時候，阿爾貝是個容貌俊美、身材高挑、金髮、個性順從且人見人愛的男子。

普魯斯特之所以認識阿爾貝，也是在這個R公爵的宅第，未來的小說家被這位美貌青年深深吸引。因此有人說，《追憶似水年華》裡的女同性戀者阿爾貝蒂娜（Albertine）其實就是這個阿爾貝，不過薩克斯也說了，這麼快就下結論可是會搞錯的喲！原來如此，在普魯斯特的小說中，登場人物都是雌雄同體（androgynos），想見他們有時也會轉換性別，因為這位作家所創造的劇中人物應該是一種象徵，其中有著他所愛過的真實人物的影子。姑且不論這些，這間巴黎的祕密男妓院，顯然會讓人聯想到出現在小說最後一卷〈重現的時光〉（Le Temps retrouvé）前半部分，那間戰爭時期以性虐待為賣點的情趣旅館，經營者是曾和男同性戀者夏呂斯男爵（Baron de Charlus）有過關係的裁縫絮比安（Jupien）。

阿爾貝是唯一一個知道普魯斯特黑暗面的人，而他就跟絮比安一樣，喜歡侍奉別人，他對每晚來到他房內的貴族有著異常的熱情。沒人像他這麼了解貴族的一切，從貴族的起源到姻親關係、徽章、痼疾，甚至連三代私通他都無所不知。而且他也知道，像自己這樣的農民，想要跟權貴顯要攀上關係，除了協助其敗德辱行之外別無他法。他自己本身既是孌童，也是皮條客，資助他在布瓦西·丹格拉斯路開了第一間店的金主就是普魯斯特。莫里斯·薩克斯說，他在這間阿爾貝經營的公共澡堂裡看到普魯斯特留下的家具和書架時相當訝異。其實普魯斯特常到這裡來，透過隱密的偷窺孔欣賞平時在社交界或豪華飯店的沙龍裡，有交際往來的貴族不顧體面與尊嚴化身為肉慾野獸的樣子。阿爾貝還說，普魯斯特曾在散步途中跟他一起繞到肉舖子，然後向肉鋪的小伙子拜託說：「你要殺牛的時候，能不能讓我看一下？」另外，普魯斯特也曾讓阿爾貝準備一個紙箱，在裡面放進很多張跟他相熟的上流貴婦的照片，接著叫店員、肉鋪伙計或電報派送員等小哥兒們來看，結果有人抽出一張照片喊著：「喔！這淫婦是誰？」他樂不可支。至於普魯斯特讓僕人抓來老鼠，並在自己面前用帽子上的別針戳老鼠取樂，則是已經很出名的事了。

莫里斯・薩克斯將普魯斯特待在位於著名的奧斯曼大道上，軟木壁材的房間內足不出戶之後的這種噁心又殘忍的嗜好稱為小孩子的殘酷，而《追憶似水年華》這部龐大作品的所有一切，也有如怪物般的孩子——可將其視為精神上有過一切成年人的體驗，但靈魂卻還是十歲孩子的一部作品。普魯斯特的幼稚，可以從他即使長大了也還有異常的戀母情結這一點得知，不過值得注意的是，隨著年紀的增長卻發展成了這麼令人不忍卒睹的倒錯狀態。

說到對青年時期的普魯斯特有莫大影響的人物，那就是屢次被提起的羅貝爾・德・孟德斯鳩・弗藏薩克（Robert de Montesquiou-Fezensac）伯爵這位兼具詩人身分的權貴顯要了。在普魯斯特創造的地獄裡登場的人物當中，集最令人不快的頹廢與倒錯於一身的男同性戀者夏呂斯男爵，據說是取材自孟德斯鳩。普魯斯特肯定是在這個怪物當中發現了如同鏡子般的作用，可以清楚映照出自己的敗德辱行、俗不可耐、自我陶醉以及講究行頭等。他成了孟德斯鳩的小老弟。

在世紀末的倦怠氛圍中，孟德斯鳩也曾像個帝王般表現得傲慢無禮。無論是他的詩文，他對藝術和骨董的喜愛也好，他在沙龍裡的隨興談話也好，總是能讓人眼睛為之一亮，但後來卻跟不上時代潮流，完全被普魯斯特的光芒所掩蓋，孤孤零零地被世人遺忘。於斯曼的著作——《逆流》[3]中的主人翁德・埃辛特（Floressas des Esseintes）家中的室內裝潢與文學興趣，據說是取材自孟德斯鳩在巴黎奧賽堤岸四十一號的豪華住宅以及其架上藏書。王爾德（Oscar Wilde）筆下的人物——道林・格雷（Dorian Gray）的白色裝束，據說是模仿孟德斯鳩的穿著打扮。他跟龔固爾（Edmond de Goncourt）、馬拉美（Stéphane Mallarmé）以及德布西（Claude Debussy）走得很近，他資助魏爾倫貧困的生活，引薦惠斯勒（James Abbott McNeill Whistler）、比亞茲萊（Aubrey Beardsley）進入巴黎畫壇，並且讓牟侯（Gustave Moreau）、魯東（Odilon Redon）以及新藝術運動（Art nouveau）畫家的作品得以呈現於世人眼前。然而他終身未婚，人們總是用猜疑的眼神看待他（因為他的女性特質），他跟美貌的祕書同住，身邊總是彌漫著醜聞的氛圍。

接下來我想試著勾勒出這個世紀末的王者肖像、當時的時代背景，以及社交界的氛圍。

孟德斯鳩．弗藏薩克的家族是法國最悠久、最有權勢的家族，其歷史甚至可追溯到中世紀的墨洛溫王朝（Merovingian dynasty）。雖然跟德．埃辛特的家族頗為類似，不過在他的家族中並沒有國王的寵臣，而是跟大仲馬（Alexandre Dumas）在小說中提過的達太安家族（D'Artagnan）有關聯，羅貝爾的母親是中產階級出身。雖然是在巴黎出生（一八五五年），但幼年時期他也曾待過這個位於加斯科涅地區的達太安家族古堡。他是老么，上面有兩個哥哥、一個姐姐。他的父親是伯爵，喜歡拍照（當時最時髦的嗜好）、賞玩骨董，也喜歡神祕學，而這些嗜好全都傳給了兒子。雙親都對兒子很冷淡，這一點也跟德．埃辛特的情況頗為類似。

猶太企業家夏賀勒．哈斯（Charles Haas）是《追憶似水年華》中的斯萬（Swann）先生原型，也是青年時期的孟德斯鳩首次進入社交界的推手。不過這個青年既不跳舞，也不追求年輕女子，只是靠著才氣過人的對話，就讓貴婦著迷不已」。「他的手戴著漂亮又精緻的手套，形狀是如此美好，手腕優雅地彎曲。有時他會脫下手套，將那高貴的手伸向天際」，跟他熟稔的伊莉莎白．德．克萊蒙．通納爾（Elisabeth de Clermont-Tonnerre）公爵夫人這麼說。大概很少有人能像他這樣讓男性精神緊繃、讓女性大獻殷勤，但是女人對他來說，就算只是稍微碰一下，似乎也是噁心得很。他後來跟莎拉．伯恩哈特（Sarah Bernhardt）走得很近，她老是纏著他。有一次朋友聚會，在大家起鬨之下即興演出喜劇，他穿著緊身褲與她相擁。據說他當天晚上回到家之後，連續嘔吐了二十四個小時。

孟德斯鳩伯爵在連一本詩集都還沒出版的時候，他那有如唯美主義小殿堂般的奧賽堤岸豪宅就吸引了來自文學界與社交界的好奇眼光。備受矚目的《逆流》一書是在一八八四年出版，當時於斯曼只是在龔固爾的家中偶然見到這個優雅的年輕人，就從馬拉美那裡聽到許多關於孟德斯鳩的愛好與室內裝潢的傳聞。於斯曼所寫的未必是事實。首先，孟德斯鳩並不像禁慾的僧侶那樣討厭社交，也不是那麼敏感而體弱的人。另外，他也不可能把室內都裝潢成那樣的中世紀風格，不過，在某一方面倒是有吻合。而且在龜殼鑲嵌寶石等作法據說是哥提耶（Théophile Gautier）的女兒——閨秀詩人朱迪（Judith Gautier）發明的，並非是孟德斯鳩的發明。皮耶．羅逖（Pierre Loti）把中世紀風格跟東洋風格混在一起，奧斯卡．王爾德把希臘跟日本混在一起，因此在孟德斯鳩的房間裡，大概也把古意盎然的骨董跟摩登藝術品雜七雜八地擺在一起。無論如何，那都是當時流行的美學。

巴伐利亞國王路德維希二世與莎拉・伯恩哈特，可說是世紀末美學的兩大中心。在這個被機械所侵蝕、被工業和資本主義所撼動的十九世紀，最後三分之一的時期，瘋癲國王與女伶主宰了大眾對美的熱情。如果說拜倫（George Gordon Byron）是浪漫主義興盛的象徵，那麼路德維希二世就象徵著浪漫主義的衰微。莎拉跟華格納是朋友，因此她或許跟孟德斯鳩提過巴伐利亞國王那位於雪白山峰上的凡爾賽宮，以及在如夢似幻的洞窟中舉辦的演奏會。而伯爵也會像魏爾倫、埃萊米爾・布爾日（Élémir Bourges）或者拉福格（Jules Laforgue）一樣，看著北國這位瘋子國王的照片愛慕不已。同時也會像世紀末的妄想偏執──雌雄同體者──共同的表現方式一樣，為舞臺上那纖瘦而髮型有如美杜莎（Medoūsa）頭盔的女伶伯恩哈特喝采。

孟德斯鳩會去古斯塔夫・牟侯的畫室，是因為他的親戚卡拉曼・希梅伯爵夫人的引薦。印象派畫家為了追尋光影變化而將窗簾大大敞開，然而這位獨自潛居一室描繪神話主題畫作的深夜畫家，也跟孟德斯鳩一樣極度厭惡女性，而且因為不斷被女性的原型所附身，這名藝術家最終成為雌雄同體的幻影。孟德斯鳩第一次被介紹給馬拉美，是在奇想詩人查爾斯・克羅斯（Charles Cros）進行彩色照片與留聲機實驗的工作室裡。馬拉美的文藝貴族主義以及對骨董的愛好，都讓孟德斯鳩感佩不已。

他並非沒有女性朋友，例如他的兄嫂寶琳、蓋爾芒特公爵夫人（Oriane de Guermantes）的原型──他美麗的表妹葛夫勒伯爵夫人（Élisabeth Greffulhe），以及李斯特（Franz Liszt）的弟子──

熱愛音樂的波蘭貴族波特卡卡伯爵夫人（Delfina Potocka）等，都是他樂意往來的女性友人。

孟德斯鳩曾去英國旅遊過兩次，因為他被當時華特．佩特（Walter Pater）提倡的唯美主義當中，尤其出名的「藍色與金箔」的孔雀畫家惠斯勒的風格所吸引。惠斯勒以這位歐洲大陸的頹廢之王為模特兒，畫出一幅如同梅菲斯特費勒斯（Mephistopheles）般令人毛骨悚然的肖像。龔固爾在一八九三年四月的日記中提到，當時甚至出現奇怪的流言，大家都說這個畫家在作畫時會把模特兒的生命給吸走。

一八八五年三月，藝術學校舉辦德拉克羅瓦（Eugène Delacroix）的特展那天，有人介紹一個留著漂亮鬍子、黑髮、高個兒的青年給他。講話有特殊口音。他名叫加百利．伊都里，是拉丁裔祕魯人，據說在里斯本受過英國牧師教導。伯爵挽著年輕人的手，把他帶到那幅傑出的畫作《薩達那帕拉之死》（La Mort de Sardanapale）的前面，吟誦波特萊爾（Charles-Pierre Baudelaire）的詩句給他聽。後來孟德斯鳩向貴婦介紹這名年輕人是「唐．加百利．德．伊都里。」聽到他用貴族的稱號來稱呼這個來歷不明的外國人，眾人皆目瞪口呆。兩人在日式庭園裡喝了茶。不久之後，年輕人就以祕書的名義跟伯爵在他位於帕西區富蘭克林街上的宅第同居。在他的引導之下，伯爵逐漸踏入同性戀的世界裡。性好此道的英國貴族或拳擊手常會在王爾德的友人尚．胡德里位於蒙田大街的家中閣樓裡聚會喝茶。直到一九〇五年死於糖尿病為止的這二十年間，伊都里總是跟伯爵如影隨形，就連去英國旅遊也是兩人同行。

伊都里去世時，伯爵悲痛欲絕。與晚年的伯爵最為親近的克萊蒙．通納爾夫人回憶道，孟德斯鳩平時總是一副公子哥兒般的倨傲姿態，從未失去冷靜，但那時他只是不斷啜泣且反覆說著：「就算回到家裡，也只有他的小帽子而已。」如今伯爵的遺骸與伊都里的骸骨合葬在距離凡爾賽宮門口不遠的墓園裡。

另一個醜聞的來源，則是透過普魯斯特結識的男性友人——鋼琴演奏家萊昂．德拉福斯（Léon Delafosse）。據說《追憶似水年華》當中夏呂斯男爵與小提琴家莫雷爾（Charles Morel）的關係即是以此為原型。青年時期的普魯斯特一心希望這位傑出而優秀的前輩能愛他，因此除了送禮，還不斷地寫信討好他，但後來領悟到自己本身的魅力並不足以打動伯爵時，就決定給他一位俊美的蓋尼米德（Ganymēdēs）來替代自己。這是倒錯者最為單純的想法。

德拉福斯是一名削瘦的金髮男子，可說是典型的蕭邦曲目演奏者。他曾在愛好音樂的索西內伯爵夫婦舉辦的沙龍裡獲得好評。在普魯斯特的推薦之下，德拉福斯為孟德斯鳩的詩集《蝙蝠》4其中幾首詩作曲。把德拉福斯帶到伯爵在凡爾賽府邸的人，也是普魯斯特。孟德斯鳩算是視覺型的詩人，不過他喜歡隨興聽著旋律加以想像，讓自己進入夢想的世界裡。當他跟德拉福斯一起出現在巴黎歌劇院和展覽會時，八卦小報的記者尚．羅杭（Jean Lorrain）立刻加以報導。然而他跟鋼琴家的關係並沒有維持很久。這位青年在布朗谷文（Brancovan）大公府邸備受禮遇，因此伯爵毅然決然地跟這個對他不忠的人斷絕關係。後來就算在路上遇到，伯爵也不回禮，而且還用他一貫冷嘲熱諷的語氣說：「十字架被搬運著在路上移動時，行人若是遇到了會行禮。不過，難道有人會期望十字架跟他回禮嗎？」

說到八卦，伯爵有蒐集手杖的習慣，手上總會拿著一根手杖。一八九七年，那場著名的慈善義賣會火災發生時，他正好在那裡。據說他在慌忙逃生時，用手杖去敲打附近慌亂不已的小女孩。雖然沒有事實根據，但由此可看出社交界對他的評價有多差。（有個不可思議的因緣。當這場巴黎慈善義賣會的火災發生時，曾跟巴伐利亞國王路德維希二世訂婚的蘇菲——當時為阿朗松公爵夫人——在火災中喪生。她把逃生機會先讓給小女孩，所以自己才會來不及逃離。）

孟德斯鳩後來從帕西區搬到凡爾賽，接著搬到納伊，並將這裡取名為「繆思館」。他仍然精心挑選客人舉辦沙龍，並且以豪華的私人會客室和收藏品讓人大開眼界，其中尤其受到矚目的，是來自凡爾賽重達十二公噸的路易十五時期玫紅色大理石水盤。據說那是跟賣家交涉許久才以龐大金額購得的收藏品，然而有些喜歡造謠生事的人卻到處說，那是狡猾多詐的伊都里拿拖鞋欺騙純真的凡爾賽修女，跟她們說「這可是教宗的拖鞋」而換來的。安娜·德·諾阿耶（Anna de Noailles）等時常來訪的詩人，都曾在這個靜靜安放在納伊庭園裡的水盤，獻上自己寫的詩。

「我是不是很喜歡有客人來？」孟德斯鳩自己在回憶錄《被抹去的足跡》[5]裡這麼寫著：「我想我的作法大概是有些任性吧！我的意思是，要說是喜歡這些客人嘛，其實我更喜歡的是自己對他們的款待。對我來說，客人不過是款待他免不了的附屬品之一，就像棘手的羊群一樣。」克萊蒙・通納爾夫人則這麼回憶道：「花園派對的成功讓孟德斯鳩相當興奮，他講個不停，一直找人聊天、放聲大笑。他是一人大樂隊。在那四個小時期間，他不斷在指揮音樂演奏或詩歌朗讀該如何進行，不斷地跟人握手，所有的客人都講不過他，因此他很是得意。」

然而孟德斯鳩在文壇僅被視為半吊子，無論是他的精心傑作——詩集《蝙蝠》，或是從福樓拜的《薩朗波》[6]借用書名的《有著甘甜香氣的隊長》[7]、《藍色繡球花》[8]、《紅色珍珠》[9]，以及《孔雀》[10]等書，都只是被當成新奇的作品而已。處女詩集《蝙蝠》是將蝙蝠的圖案以和紙印刷並放入織錦緞盒中，封面背面也印有蝙蝠的飛行姿態。他只要有為數不多的讀者就滿足了。不過，莫里斯・巴雷斯在《艾爾・葛雷柯論》[11]一書的開頭為他寫了很長一段題獻辭：

「他既是詩人，也是許多罕見的資料與人物的發掘者，更是第一個替葛雷柯辯護的人。而且總有一天，也會有人發掘他並且替他辯護。」

皮耶・路易斯（Pierre Louÿs）、保羅・瓦勒里（Paul Valéry）也都將自己的著作獻給他。

他跟普魯斯特所描繪的夏呂斯男爵似乎有些不同。首先是長相不一樣。孟德斯鳩身材削瘦，有著尖下巴與尊貴的長形臉。從照片中看來，並不會讓人覺得女性化。雖然他的確是男同性戀者，但是一輩子單身，終究不像沒了老婆的夏呂斯那樣敗壞操守。雖說如此，但他的晚年也並非無憂無慮。

孟德斯鳩最後的熱情投注在比他小八歲的義大利戲劇詩人加布里埃爾．鄧南遮（Gabriele d'Annunzio）身上。從世紀末到本世紀初，從來沒有一個時代的劇場藝術如此讓人狂熱。為莎拉．伯恩哈特與杜塞特編寫腳本的鄧南遮有足以征服巴黎戲劇界的外表，孟德斯鳩對他的熱情，就跟路德維希二世對華格納的狂熱如出一轍。而鄧南遮也就在這個巴黎頹廢帝王的府邸裡，坐擁他夢想許久的熊皮、中國陶瓷、日本書畫、大理石階梯，以及其他許許多多的奢華物品，不覺得有任何不妥。

孟德斯鳩見到同樣是源遠流長的貴族出身，俄羅斯芭蕾舞的中心人物——達基列夫（Sergei Diaghilev）是在一八九八年。他在同一場合見到另一個點燃他熱情的對象，而且這個人還是女性。那就是因為想赤裸地現身於舞臺而跟著達基列夫一同來到巴黎的猶太富豪之女艾達．魯賓斯坦（Ida Rubinstein）。伯爵第一次在《雪赫拉莎德》（Šahrzād）的舞臺上看到這個完全沒跳舞的沉默悲劇女伶裸露的身體時，一下子忘記自己厭惡女性這件事。這不就是自己在二十多歲時滿心期盼的胸部平坦、殘酷且雌雄同體的形象嗎？不管是莎拉．伯恩哈特也好，這次的情況也好，他顯然都是從受虐狂的觀點來看待女性。艾達是個任性的女人，食物只吃餅乾跟香檳，而衣服只要穿過一次，就絕對不會再穿。

孟德斯鳩在劇院將他心目中的神介紹給他心目中的女王。這樣怎麼可能不會創造出傑作呢？事實上的確有傑作誕生。那就是讓伯爵心中的願望得以實現的聖蹟劇《聖塞巴斯蒂安的殉教》（Le Martyre de Saint Sébastien）。

鄧南遮的這部作品匯集了世紀末頹廢文學的所有主題。擔任要角的魯賓斯坦既是雌雄同體，也是個殉教者。舞臺裝置為日漸沒落的古拜占庭帝國，而其不明確的基督教創作構想，則會讓人聯想到之前的作品——《聖安東尼的誘惑》（La Tentation de saint Antoine）。愛上塞巴斯蒂安的暴君，是一個會將所愛之人殺掉的施虐受虐狂（sadomasochism）。除了建議鄧南遮以法文書寫之外，孟德斯鳩還教導他自己用慣了的綺語與修飾語、仔細閱讀寫好的原稿，並且幫他修正拙劣的仿古筆觸與義大利式語法等缺點。當然他也十分注意不去破壞鄧南遮那不見於自己作品中以筆抒情的才華。舞臺裝置由來自俄羅斯的巴克斯（Leon Bakst）所設計。巴克斯被帶到羅浮宮，陸續見到了波斯地毯、拜占庭琺瑯，以及在敘利亞與埃及發現的古羅馬時期古代近東淺浮雕等藝術品。

纖瘦的魯賓斯坦穿著盔甲，盔甲裡面幾乎什麼也沒穿，看起來就像是比亞茲萊所描繪的聖塞巴斯蒂安。這可能會讓羅馬教廷為之震撼。伯爵決定音樂由德布西負責，並且把他介紹給劇作家認識。在舞臺上排練時，伯爵為了向負責編排動作的福金（Mikhail Fokin）指點聖塞巴斯蒂安如何朝天空射出一箭，還多次衝上舞臺。

我翩翩起舞　　在百合的熱情之上
我踐踏蹂躪　　百合的白無垢
我無情摧殘　　百合的柔情密意

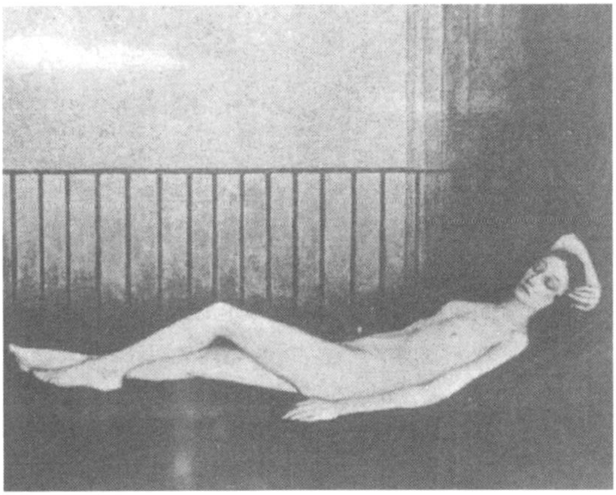

圖4　艾達・魯賓斯坦，由布魯克斯（Romaine Brooks）所繪

看到艾達走在火紅的木炭上，伯爵高興得渾然忘我。這大概是他人生中最美好的一瞬間吧！

這部戲劇作品大獲成功，然而步入老年的孟德斯鳩伯爵從此再也沒有這樣的榮耀。艾達後來不跟伯爵商量，就自己找劇作家寫腳本。而普魯斯特、呂西安．都德（Lucien Daudet）以及雷納多．漢恩（Reynaldo Hahn）等後進也不再到伯爵府上拜訪。這個討人厭又驕傲自大的貴族詩人，已經是一頭沒了尖牙的老獅子，不過是個跟不上時代潮流、固執守舊的外行人罷了。克萊蒙．通納爾夫人說：

「孟德斯鳩一走進沙龍裡，他的身邊就瀰漫著不祥的空虛。安那托爾．法郎士（Anatole France）口中念著『這個男的真叫人無法忍受，老是拿祖先的事來說嘴』，同時站了起來……」

為了恢復往昔的榮耀，伯爵將他最後的住所——位於維西涅的「薔薇宮殿」裝飾得美侖美奐。他打算再度邀請客人來這裡，為已逝的魏爾倫舉辦紀念會。他用鮮花裝飾，並且叫來樂隊，極盡奢華地將一切準備妥當，沒有遺漏任何細節。然而到了當天早上，有人打電話來問，「天氣看起來不太妙，活動會照常舉行嗎？」，語氣極為擔憂。伯爵馬上回答「那當然」。「可是我今天早上看到《費加洛報》上面寫著活動取消……」難怪都沒有客人來，這肯定是有人開了一個惡意的玩笑。到了五點，終於來了幾臺車。樂隊在冷冷清清的會場裡演奏音樂，舞臺上則有女伶展露演技。然而伯爵直到最後一刻，始終冷靜自持。

晚年的孟德斯鳩完全未在社交界露臉，獨自一個人待在廣闊的房子裡閉門不出。不過，倒是有個年輕人好意寄來詩歌與信件。那就是人見人愛，又受到普魯斯特、呂西安・都德以及其他曾在伯爵身邊打轉的人不斷追捧的中產階級之子，並有著充滿感情的雙手與美麗雙眸的削瘦詩人——尚・考克多。原來如此，他很有可能成為第二個孟德斯鳩。然而不知是幸或不幸，他遠比孟德斯鳩更希望能取悅他人，不管對方是誰一律尊稱為「您」。考克多表面上是貴族主義，不過他沒有前輩詩人那樣的倨傲與沉著，自戀也分成許多種。

半個世紀過後，「沒有什麼會比壞名聲更難以長久維持」，當考克多寫著他擅長的格言時，他的腦海裡大概已經沒有孟德斯鳩的身影了吧！

第一次世界大戰期間，孟德斯鳩突然開始寫一些士氣高昂的愛國主義詩句，這也是一個令人費解的小插曲。這一點似乎也是他與夏呂斯男爵明顯不同之處。儘管如此，老殘的詩人所遭受的最後致命一擊即，是曾是自己弟子的人貼在他額頭上的帕拉梅德・德・蓋爾芒特、德・夏呂斯男爵等不祥的名字。普魯斯特躺在床鋪上，觀察著受害者的反應。

《在斯萬家那邊》（Du côté de chez Swann）是在一九一三年出版。孟德斯鳩無法理解普魯斯特小說的新穎與價值。他沒有察覺到，以前那個對自己一舉一動都驚恐萬分的膽怯青年，如今已成長為小說家這種可怕的人種。而且內心還是個十歲的孩子！

《在少女們身旁》（À l'ombre des jeunes filles en fleurs）於一九一八年出版。夏呂斯男爵終於在巴爾貝克登場。孟德斯鳩在想，這個蓋爾芒特公爵的弟弟、在貴族社會裡似乎頗有影響力且不可思議的男人是以誰為原型？夏呂斯是這麼說的：「如今所有的人都是大公。要怎樣才會引人注目呢？如果我想悄悄去旅行，就會用上大公的稱號。」哼！這不就是我的表哥赫梅里·德·拉羅希福可在一九〇六年被冊封為巴伐利亞大公時，我隨口說出的話嘛！再說了，「像是年輕男女的二重唱般，跟某種最低的女低音頗為相似的聲音」又是怎麼一回事！

《索多姆和戈摩爾》（Sodome et Gomorrhe）的第一部，是在一九二〇年十月出版。普魯斯特找了個藉口，沒有馬上把這本書送給伯爵。就算再怎麼解釋也沒有用吧！事實上伯爵明明知道夏呂斯和自己並不是同一個人，然而文學上的真實，遠比真實人生還要來得真。孟德斯鳩就是夏呂斯，命中註定非得用夏呂斯的身分死去不可。

孟德斯鳩跟普魯斯特說：「我曾經想過，第一個勇敢地直接把提貝里烏斯（tiberius）跟牧羊人柯里登*的敗德辱行當成主題的人會是誰？結果是你。你不顧一切地寫了出來。既然寫了，就不妨來看看結果。不過，到底會怎樣呢？那我可不知道。敵人可是很難應付的……」

一九二一年十二月十一日，孟德斯鳩還沒來得及看到《索多姆和戈摩爾》的第二部出版，就在蒙頓因尿毒症與世長辭，遺體葬於凡爾賽。伊都里的遺骸先前已埋葬於此。有二十多位友人參加葬禮，並未見到親戚現身。艾達・魯賓斯坦的黑色面紗相當引人注目。此外還有克萊蒙・通納爾夫人、神祕學家庫喬德博士、女性作家露西・德拉呂・馬德魯斯（Lucie Delarue-Mardrus）等人。初雪飄落在艾達獻上的蘭花花束上。

＊紀德（André Paul Guillaume Gide）作品《田園牧人》（Corydon）當中的人物。

書目註記

1. Witches' sabbath, Maurice Sachs, 1946.
2. A la recherche de Marcel Proust :avec de nombreux inédits, André Maurois, 1949.
3. A rebours, Joris-Karl Huysmans, 1884.
4. Les chauves-souris :clairs-obscurs , Robert de Montesquiou, 1893.
5. Les pas effacés, Robert de Montesquiou,1923.
6. Salammbô, Gustave Flaubert, 1862.
7. Le chef des odeurs suaves :floral extrait, Robert de Montesquiou, 1893.
8. Les Hortensias Bleus, Robert de Montesquiou, 1896.
9. Les Perles rouges :93 sonnets, Robert de Montesquiou, 1899.
10. Les Paons, Robert de Montesquiou, 1901.
11. Greco ou le Secret de Tolède , Maurice Barrès, 1912.

巴別塔的隱士

十八世紀英吉利

圖5　威廉・貝克福德

寫出奇書《瓦提克》[1]這本算得上是十八世紀哥德小說的先驅作品之一、就連詩人拜倫都感嘆是「英國最有錢的公子」的一代浪子威廉．貝克福德（William Beckford），一生不肯屈服於來自蓬勃發展時期公民社會的壓力，一味逃入巨大的夢想中。這個近代自戀型藝術家的第一齣悲劇，從以前就深深地吸引著我。晚年的貝克福德幽居於自己一手打造的方特希爾修道院（Fonthill Abbey），閉門不出，孤伶伶地沉浸於無法企及的權力大夢之中，這讓人聯想到同一個時期，在隔著海洋的另一片陸地上，薩德侯爵在牢獄中的狀況。當然一個是自願將自己禁錮，另一個則是被強制監禁，不過，在那樣的孤獨狀態中，他們所培育出的夢想具有同樣的性質。

在貝克福德在世時，他的大名就跟許多傳聞扯上關係，在他死了之後，他待過的英國、法國以及葡萄牙等地關於他的傳聞則越來越多。聽說他下毒殺死妻子，也有他愛上葡萄牙貴族的女兒卻被女方父親拒絕求婚因而傷心地返回英國這樣有如通俗小說般的悲傷傳聞，甚至還有跟撒旦崇拜有關的傳聞、與男同性戀有關的傳聞，以及關於奇特的獨居生活傳聞等數也數不清。

他的父親跟老威廉．皮特（William Pitt the Elder）是朋友，也曾當過倫敦市長，隸屬於備受民眾擁戴的輝格黨（Whig Party）。其家族源遠流長，是在西印度的牙買加島栽種甘蔗而累積了巨額財富的中產階級。母親出身於著名的漢米爾頓家族（Hamiltons），其祖先曾與蘇格蘭皇室有過淵源。就像這樣，以十八世紀的英國子弟，而且還是這樣少見的名門來說，卻不知道其明確的出生日期與出生地，不能不說有些奇怪。根據近期的傳記作者考查結果，一七六〇年九月二十九日出生的說法似乎是正確的，不過也有不同的看法。至於出生地點，有人說是在倫敦，也有人說是在他父親的領地——威爾特郡的方特希爾。

他的父母都很重視孩子的教育，希臘文、拉丁文等古典語言自然不用說，年幼的貝克福德早早就開始修習各門學問，異常早熟。他向威廉．錢伯斯爵士（William Chambers）學習建築，向亞歷山大．科岑斯（Alexander Cozens）學習數學與繪畫，而且到家裡來教音樂的老師還是當時八歲的莫札特，由這個天才少年教導當時五歲的貝克福德彈鋼琴，可想見這兩個人有多早熟。貝克福德在多年以後自豪地提起，歌劇《費加洛的婚禮》當中那首著名的〈蝴蝶別飛了〉（Non più andrai）的旋律，是他年少時的即興之作，因為莫札特寫信來說想用在歌劇裡，他才答應的。只是並沒有任何人看過這封信，因此也有人認為，貝克福德不過是在吹牛而已。

一七七〇年父親去世後，一方面是因為沒有同年齡層的朋友，再加上母親的溺愛，貝克福德便不再接受正規教育。少年稱呼母親為「Begum」，這是回教徒對貴族婦女的稱呼。從這麼長一段時間的戀母情結大概就能了解他後來為何那麼自戀、為何那麼懷念已逝的幼年時期王國等。另外一個誘發少年貝克福德對東洋童話與絕對權力的幻想，以及對遠離塵世的奢侈生活、神祕學與官能之快樂的人物，就是他的繪畫老師科岑斯。科岑斯成長於彼得大帝（Peter the Great）的宮廷，走遍東洋諸國，由於久居東洋，他的道德操守似乎不同於一般歐洲人。受到梅斯梅爾、卡里奧斯特羅（Alessandro di Cagliostro）等比他年長的當代神祕學愛好者影響，少年貝克福德對超自然事物產生了濃厚的興趣，一輩子未曾厭倦。

由於母親不喜愛英國學府，十七歲的青年貝克福德前往瑞士日內瓦留學，他在這裡與自由思想的王者伏爾泰（Voltaire）密切往來，因盧梭的思想而深深感動，培育了深厚的人文素養。處女作《Long Story》也是在這個時期寫的。是一本以東洋風格創作的童話故事，並以傳授解開世界之謎的神奇奧義為主題。

一七七九年的夏天返回英國時，他去親戚古赫特內家族（Courtenay）代代相傳的帕烏達拉姆城拜訪，因而結識了古赫特內家當時十一歲的兒子威廉。看到這個上有十二個姐姐的柔弱美少年威廉，十九歲的貝克福德瞬間點燃了心中的熱情。跟這個小他八歲的少年交遊往來是貝克福德前半生的重心，然而其政治生涯的結束，也正是因為這個可恥的男同性戀事件醜聞，在當時採行嚴格主義的英國社會引發軒然大波。

以少年與貝克福德的關係為中心，三名男女配角就此登場。也就是前述的畫家科岑斯、友人薩繆爾．亨利爵士（Samuel Henley）——亦可稱為文學祕書，以及不知從何時開始（大約是在一七八一年的夏季之後）成為其情婦的露意莎。露意莎原本是他堂哥的老婆，拋下得了結核病的丈夫，在激情的驅使下盲目地愛著貝克福德，就像是為了滿足他的情欲而存在的婢妾一樣。科岑斯寫給貝克福德的信件都已經被撕毀丟棄，未曾留下，不過露意莎跟他之間的書信往來，則是有提到少年以及上述三名配角曾以他為中心在方特希爾的府邸裡祕密聚會，招來義大利樂手與歌手，於一七八一年的聖誕夜，舉行盛大的黑彌撒儀式。

「不幸的是，我不能不把懷中的這個小小活祭品養大，才能獻給你的祭壇。我衷心祈禱我的兒子能早日成長到適合獻祭的年齡。他一天一天地長得越來越俊美，不久就能完全符合你的計畫。」（一七八二年二月）

從這封信的內容看來，貝克福德似乎是在教導露意莎惡魔學的原理，並要求這個可憐的女人把兒子獻給黑彌撒作為活祭品。在她這封信裡，還能看到「我所愛的魔王」等稱呼，看來她似乎十分沉迷於她深愛的男人的地獄布道，深陷其中無法自拔。

關於貝克福德是在何時撰寫了一代奇書《瓦提克》這件事，有人說是在他十七歲的時候，也有人說是二十歲，正確答案似乎是二十二歲。「我是用法文一口氣寫完那本書的，花了三天兩夜的時間完成。在那段時間裡，一直穿著同一套衣服」，作者在晚年的時候這麼寫著。這個三天兩夜也不知是真是假。主角瓦提克是擁有至高無上權力的年輕哈里發*，因為一味追求官能上的快樂，最終墜入可怕的地獄而滅亡。雖然形式上像是東方故事，不過這個故事的大綱並未參考其他作品，而是在其中放入了貝克福德本身的悖德生活與不倫戀、他對神祕學的熟稔，以及他的權力大夢等許多元素。就像寫出經典哥德小說《僧侶》[2]的馬修·格雷戈瑞·路易斯後來被稱為僧人路易斯一樣，作者與書中主角總是會被混為一談，代表罪惡深重的名字瓦提克也顯露出貝克福德的性格。

《瓦提克》的故事結尾前，有好幾頁都是在描述陰森可怕的地獄宮殿，這也是本書的核心。根據藝術史學家亨利．福西隆（Henri Focillon）以及阿道斯．赫胥黎的看法，貝克福德是直接受到當時甫於英國出版的銅版畫家皮拉內西（Giovanni Battista Piranesi）的《牢獄》（The Prisons）系列作品啟發。（順帶一提，《瓦提克》以一八七六年附有馬拉美作序言的版本最有名。日本國內的譯本有兩種，其一為矢野目源一在昭和初期所譯，其二為小川和夫於戰後所譯。）

貝克福德在一七八三年結婚，當時二十二歲。母親為他脫離常軌的放蕩生活感到擔憂，因此極力勸說兒子跟情婦露意莎分手。他在德國、義大利各地旅行時，母親的堂哥威廉．漢米爾頓爵士（William Hamilton）的夫人也勸他改正那些不好的行為。母親挑選的媳婦是蘇格蘭貴族亞伯恩伯爵（Earl of Aboyne）的女兒瑪格麗特．戈登（Margaret Gordon），當時十九歲。瑪格麗特是一個樸實堅毅的人，對貝克福德來說是個再好不過的伴侶。她讓貝克福德找回心中的柔情，而他也跟露意莎逐漸疏遠。然而貝克福德跟古赫特內（他稱呼這名少年為「小貓」）的關係卻不是輕易就能斬斷的。

＊ Caliph，信奉伊斯蘭教地區對領袖的稱謂，意指先知的繼承人或代理人，為政教合一之領袖。

一七八四年，貝克福德在威爾斯被選為下議院議員，應該不久就能獲得男爵的爵位。他原本就不熱衷於政治，不過父親生前的權勢為他出人頭地提供了保障。然而此時卻突然發生了意想不到的事，導致他的政治生涯終結，並註定要過著四處落腳的逃亡生活，最後孤獨地隱遁於世。

那一年的九月到十月期間，他與妻子一同在古赫特內家族的帕烏達拉姆城作客，然而少年古赫特內的家庭教師在某個時刻窺看到貝克福德與少年待在一間上鎖的房間。數個月後，古赫特內家的親戚——拉夫伯勒男爵在報紙上刊登這件醜聞，貝克福德原本就要到手的爵位就這麼沒了。貝克福德的父親很有名，所以他原本被看好能成為輝格黨的大人物，然而保守黨（Tory Parry）的野心家拉夫伯勒看不慣這樣的事，因此出手阻撓他的政治活動。貝克福德可說是成了政治陰謀的犧牲者。

不幸的事接二連三地發生。一七八五年長女出生，隔年一家人被迫移居瑞士，然而卻在此地迎來妻子的死期。次女出生十二天後，瑪格麗特夫人因產褥熱驟然離世。報紙又再度刊出醜聞，把妻子的死歸咎於丈夫施虐或下毒。同年六月，他的祕書亨利爵士擅自以匿名的方式出版了英文版《瓦提克》。為了跟亨利的作法對抗，貝克福德公開表明自己是作者。一七八七年，巴黎與洛桑市兩地分別出版了法文與原文版本。

被英國社交界驅逐的貝克福德輾轉遷移至葡萄牙、西班牙、巴黎、瑞士以及義大利等地。他在葡萄牙極為尊崇聖安東尼，他恭敬虔誠的樣子被傳開之後，在篤信中世紀天主教的葡萄牙宮廷社會備受好評。貝克福德的信仰虔誠與否大約是有可疑之處，不過，相較於新教，注重奢華儀式與華麗服飾的天主教至少比較吸引他似乎也是事實。

至於在巴黎，他則是以不輸給國王諸侯的奢侈程度、骨董書畫的瘋狂收藏家而聞名。他雖然仍過著紙醉金迷的生活，然而內心深處卻是一個無從滿足權力欲望的夢碎流放者，鬱鬱不得志。當時法國處於暴風雨般的動亂時期，不過奇怪的是，對於革命發生時的法國首都狀態，貝克福德並未留下任何文字敘述。這件事從以前就被視為他一生中的謎團，而近期的研究顯示，從他父親那一代就跟雅各賓黨（Jacobins）的重要人物關係密切，因此即使置身於血腥的動亂之中，他仍可保有相對平靜的生活。而且雅各賓黨與他之間的往來，必須瞞著革命政權之敵——也就是英國人，所以才會隻字未提他當時在歐洲大陸的生活狀態。看來這個推測頗為正確。

一七九六年，他結束在歐洲大陸將近十年的流放生活，終於返回方特希爾這片領地安頓下來。當初被逐出社交界，但如今想把這項絕罰*轉變成自己所企盼的美好獨居生活，因此要大興土木，打造一個真正適合國王諸侯居住的地方。高聳的圍牆必須能夠將這個神聖的領域與俗世隔絕，擋住世人好奇的眼神。至於宮殿的風格，應當是符合最新時代潮流的歌德式建築。霍勒斯・

* excommunication，字面上的意思是斷絕來往。又譯破門律。

沃波爾（Horace Walpole）不就已經在一七五〇年蓋了哥德式的城堡——草莓山莊（Strawberry Hill House）嗎？他有意要用一座狂想建築贏過這位《奧特蘭托堡》[3]（The Castle of Otranto）的作者。為了實現這個計畫，貝克福德選了從古典主義轉向哥德式風格的知名建築師——皇家學院的院長詹姆斯・懷亞特（James Wyatt）。

在異常的建築熱情驅使之下，貝克福德在往後十年期間（直到一八〇七年為止）全心全意打造自己夢想中的宮殿。首先用四公尺高的圍牆將領地外圍十二公里完全圍住，以擋住世人好奇的眼神。他讓女兒住在隔壁村子，自己則跟僅存的朋友——拿坡里出生的格雷戈里奧・弗蘭基、曾擔任路易十六的御醫約瑟夫・艾哈德醫師、徽章學家安格・德尼・麥康以及一名侏儒，隱居在這個尚未完工的方特希爾修道院。想與外界隔絕的企圖反而引起全國人民關注，尤其是朝向天際的高聳十字形建築物，以及中央特別高起、長達七十公尺雄偉壯觀的八角塔，都被拿來跟久遠以前的巴別塔做比較。這個歷時長久的大規模建築工程讓成千上百人得以溫飽，諷刺的是，貝克福德也因此逐漸被視為慈善家，被當成神一樣地膜拜。

建築師懷亞特的性格難以捉摸、怠惰且又嚴重酗酒，就算認真畫好了圖面，對於工程延宕卻毫不在意。由於業主的個人偏好與堅持講究，例如要塞式塔樓的細部設計等都在完工後又馬上拆毀重建。中央的八角塔也因為當初趕時間，使用了輕量建材來搭建，而在一八〇〇年遭強風毀損。不過貝克福德並不灰心，馬上又重建塔樓，而且在尚未完工之際，就迫不及待地邀請客人來訪。當時哈里發（貝克福德如此自稱）所招待的客人是母親的堂哥威廉・漢米爾頓爵士跟他的第二任妻子艾瑪（Emma, Lady Hamilton），以及艾瑪的情夫納爾遜提督（Horatio Nelson）。

一八〇七年，方特希爾修道院終於落成。蓋好之後才知道，這間雄偉壯觀的哥德式修道院相當陰森，即使是在白天，也跟夜晚一樣昏暗，而且住起來很不舒適。教會式的八角塔保暖效果不佳，部分會客室通風不良。儘管如此，南北向的迴廊除了有貝克福德數量龐大的藏書之外，還有拉斐爾（Raffaello Santi）、魯本斯（Peter Paul Rubens）、維拉斯奎茲（Diego Velázquez）等人的珍貴藝術品，以及日本雕塑與黑檀木家具。天花板鑲有鍍金板、以紫黃兩色布幔作為點綴的房間宏偉氣派，而且就跟修道院主人所盼望的一樣，有著頹廢華麗的氛圍。北側外圍設有「愛德華國王迴廊」，以貝克福德母親那一邊的祖先——嘉德勳章（Order of the Garter）的設立者愛德華三世（Edward III）命名。東側外圍的二樓設有「徽章廳」，南側廂房則是有著球形穹頂的「聖米迦勒迴廊」，也就是大圖書室。位於西南方的泉水庭園下方有龐貝式的「宴會廳」，貝克福德幾乎都是一個人在這裡吃些簡單的飲食。迴廊東南方潮濕陰暗的塔內房間是他的臥房，看起來像是僧侶的房間。漢米爾頓爵士是少數幾個拜訪過方特希爾修道院的人之一，他說這棟建築物「太過陰森，幾乎讓人無法忍受。」

府邸落成時，貝克福德已將近五十歲。在他孤獨的生活中與他為伴的格雷戈里奧・弗蘭基騎士，是他一開始到葡萄牙時看到的某個教會少年合唱團成員。他極為喜愛這名少年，稱呼他為

「葡萄牙的橘子」，並且把他帶回家當僕人。他讓弗蘭基到處奔走，不斷找來當時歐洲最新奇的物品，例如文藝復興風格的家具、中國陶器、時禱書，或者走鋼索的少年等。然而無論是極盡奢侈的住所，還是各種珍奇物品，連一瞬間都無法撫慰持有者的心靈。他的感情生活已死，卻被難以獲得滿足的渴望所驅使，不斷追尋他年輕時對短暫幸福的病態憧憬，他嘗盡命運的苦果，沉浸於孤獨之中。

他寵愛的另一個對象是侏儒，他暱稱他為「小丑」。小丑是法國人，來自於埃維昂萊班。不知是第幾次去瑞士旅行時，貝克福德遇到了小丑，從此多了一個人與他為伴。這個一本正經的侏儒看到圖書室裡的黃色書刊後氣憤不已的樣子讓他覺得很有趣。然而從附近村民的眼中看來，這個無辜的同居者也是證明貝克福德似乎在方特希爾進行巫術實驗再好不過的證據。要是有人問起這名侏儒的事，貝克福德就會冷淡地回答：「那可是異端分子，他是吃毒菇過活的。」

他每天就像亞西西的聖方濟各（Sanctus Franciscus Assisiensis）一樣，餵一下溫馴的野兔群，然後在鬱鬱蔥蔥的庭園裡，各種珍奇動植物的圍繞之下，懷想著已逝的幼年時期天堂。關於這個孤僻的修道院主人，附近村民流傳著好幾個奇怪的流言。其中之一是，要是有人想侵入這個隱遁所，他會放出凶猛的惡犬來攻擊。這個流言未必是空穴來風。早在府邸尚未完成的時候，他就在寄給老朋友克雷文夫人的信上寫著：「我打算把自己的林地拓寬，並在其中設置許多鐵製獸夾與陷阱，要是有人膽敢闖入，就會被斷手斷腳。等到領地內的山坡處因為枝葉茂盛的冷杉林而變得微暗時，我就會像潛伏在網中央的蜘蛛一樣，盤踞在這個陰森的圓心。」

如此的心理狀態，不難想見貝克福德不喜歡有人來訪。戈登公爵夫人有意要把女兒許配給他。有一天，年邁的公爵夫人來到修道院門口敲了門，她雖被慎重地迎入府邸，但最重要的主人似乎出門去了，並未在她面前現身。直到老夫人等了一個禮拜終於放棄為止，他都躲在府邸內的一個小房間裡。拜倫也曾寫信求見，卻被修道院的主人拒絕。一八一〇年，貝克福德的次女蘇珊跟道格拉斯侯爵——也就是後來的第十代漢米爾頓公爵——結婚時，出席婚禮的人就只有牧師跟父親而已。

後來貝克福德無力再負擔這座過於龐大的宮殿開銷。受到英法戰爭以及廢除奴隸制度的影響，西印度群島上的財產價格下跌，貝克福德的歲收大幅減少。修道院終於在一八二二年售出，大部分的收藏品也一起落入某個暴發戶手中。售價為三十萬英鎊。過了三年之後，中央的塔樓崩塌，再也未曾修復。殘留至今的，只有東側外圍的廢墟而已。

貝克福德只帶著他最喜愛的字畫，跟侏儒移居巴斯，在他購得的蘭斯多恩山丘上建造古典風格的隱遁所。這次的建築物有四十公尺高的塔樓，比之前的來得簡樸。其後二十二年期間，他在這裡安穩度過餘生。他修改以前的作品，打造風格獨特的庭園，每天早晚跟馬夫帶著格雷伊獵犬騎馬散步。他相信以後一定會有人為自己寫傳記，因此仔細校訂信件與日記，甚至還加上一些自行捏造的內容。雖然他直到最後仍盼望著能被冊封為男爵，但最後連他的女婿漢米爾頓公爵都不肯再提供任何協助。

搬到巴斯沒多久也傳出了奇怪的流言。據說為了讓討厭女人的主人不必跟女傭打照面，府邸裡的走廊都設有可讓女傭躲藏的空間。另外還有家中所有的房間裡都沒有鏡子等傳聞。

一八四四年四月二十一日，已邁入老年的貝克福德的健康突然急轉直下。雖然有把女兒——漢米爾頓公爵夫人叫來，然而他拒絕牧師的陪伴，女兒跟牧師都沒能進到房內。有好幾天的時間，他的親人跟牧師都在隔壁房間為他禱告。同年五月二日，他就那樣獨自一人悄悄與世長辭。享年八十四歲。

試著仔細分析貝克福德的性傾向，就能了解許多事。他一輩子愛過許多女人，也愛過許多男人。異性戀與同性戀這兩種傾向，似乎同時存在於他的身體裡面。他在情感上傾向於哪一邊，似乎也跟他所愛之人的性行為無關。不過，要是更仔細地去比較他的日記與信件內容，還會有別的新發現。

他在一七八一年寄給露意莎的信裡這麼寫著：「我們曾經如此喜愛、讓人覺得如此美好的孩子氣，在他（威廉．古赫特內）身上已經看不到了吧！」而在一七八七年左右的日記中，他時常以「可憐又孩子氣的動物」（poor childish animal）來稱呼自己。對他來說，「孩子氣」這樣的表達方式，似乎是最具有情感價值的形容詞。此外他還這麼寫著：「在神給我的禮物當中，我覺得最珍貴的，是自己至今仍保有年輕人的外貌、敏捷以及年輕人令人捉摸不定的性格。」

貝克福德二十七歲時，對他而言最幸福的事似乎是「感覺自己還是個孩子」（寫於日記）。不僅是對自己這麼要求，他所愛的對象也必須像個孩子似地。無論是歌曲還是音樂，會讓他感覺美好的都是其中包含著孩童的純真這個最重要的元素。這就是了解貝克福德心理的重要關鍵。

他顯然是用色情的眼光來看待自己的孩童形象，即使是古赫特內或弗蘭基等他所愛的對象，他也努力在他們身上重新發掘這樣的形象。他希望透過跟少年建立起親密關係，讓這個形象變得客觀。說得明白一點，貝克福德所表現出的同性戀，不外乎是自戀的一種形式。

他本身應該沒有明確意識到自己對事物本質所抱持的期望。這或許就是他的不幸之處。為了見到神的幻影，他賠上了自己的人生。就在那一瞬間，他以為自己在美少年身上找到些什麼，但那不過是轉眼成空的虛幻而已。因為他所尋覓的，不過是自己的幻影而已。因為他自己就是神。在此我們不能不想到另一個倒錯者——普魯斯特，只是普魯斯特尋覓的不是**自己**的孩童身影，而是映照在還是個孩子的自己眼中的**世界**。依照常識來判斷的話，普魯斯特是正統的藝術家，貝克福德則是個假藝術家，或者說是不完全的藝術家。

他對黃金時代的憧憬，也不過是這個孩童形象的變形。他讓方特希爾的廣闊庭園成為各種動物的樂園。妻子還在世的時候，他曾得意洋洋地說起自己以前在瑞士的動物園引誘過一頭母獅子，他跟牠在柵欄裡彼此愛撫。這當然是他的夢，但至少是在他本質上扎根的夢。據說在女兒還小的時候，他常在府邸的庭園裡模仿孔雀的樣子陪女兒玩。這些奇特的行為在在都顯示出他對已逝的黃金時代的留戀。

跟黃金時代的象徵結合在一起，他那難以根除、無止境的幼年崇拜，使得他被當時的社會驅逐、幽居於孤獨之城閉門不出也是理所當然。他被民風淳樸的社會驅逐這樣的說法，嚴格說來並不正確。他是自己從社會逃離的。他從年輕的時候開始，就在日記與信件裡提到自己多麼渴望不受任何人打擾的孤獨。值得注意的是，他陸陸續續地從曾經有過親密往來的朋友或情婦身邊離開這件事。就連曾經愛得那麼熱烈的威廉．古赫特內，也未曾在他的人生後半段再次登場。露意莎被他拋棄之後久病離世，曾經如此深愛著自己的女人死得那樣悲慘，他卻似乎漠不關心。曾經有過的許多朋友、師長以及常在身邊打轉的那些人，也都一個一個地從他的生活中消失。最後留在他身邊的，除了弗蘭基之外，就只有幾乎是玩物的侏儒而已。

不知是有意還是無意，貝克福德就像是剝繭抽絲紡成線一般，努力紡成了自己的孤獨。走近自己身邊的人，他其實誰都不愛。他透過少年的幻影愛著自己的孩童形象，一旦幻影消失，他嚐到失望的苦果，就會從他們身邊離開，然後變得漠不關心。

他在一八一二年的日記裡這麼寫著：「有些人為了忘掉不幸而喝酒。我不喝酒，我蓋房子。」顯然對他來說，建築是幻象的無窮無盡的寶庫。想要找到一個能維持其幻影的人畢竟很困難，所以他從建築、從愛書成癡，以及從收藏品當中來尋求替代。石材和紙張至少比人類的肉體更經得起時間的考驗不是嗎？

貝克福德的晚年是英國歷史上最不好的時代，出現於十八世紀人類解放的一線曙光徒然消逝，中產階級的嚴格主義抬頭，工業革命的潮流到來。被稱為黑色小說（roman noir）的文學類型在這個時代遍地開花絕非偶然。貝克福德本身並未明確意識到這個時代的不幸與他個人的不幸之關聯，不過他有預料到，他的人生即將迎來時代的幻滅。

一般認為，貝克福德對方特希爾修道院並沒有那麼執著。他對尚未完成的建築物傾注熱情，但是建築物一旦完工，就不可能再去追尋它的幻影。貝克福德的確也不怎麼後悔，像個孩子把他玩膩了的玩具拱手讓人一樣，就那樣賣掉花了那麼多心血才完成的作品。

在方特希爾，他讓徽章學家與系譜學家住進府邸，孜孜不倦地完成了自己的家譜。他讓徽章學家在東側外圍的「男爵廳」裡親手描繪這個尊貴的家族象徵。這個系譜學與徽章學的研究，對貝克福德而言未必是為了獲得他企求的社會地位，反而可被視為富有想像力又純粹具備詩學價值的事物，不同於其原本的動機。就像沉迷於酒精或鴉片一樣，他沉迷於幻想中的絕對權力。《瓦提克》這部作品的主角就這樣跟作者變得密不可分。世界上大概沒人像他這樣深愛自己的作品。

看到這裡，我們不免要想起巴伐利亞國王路德維希二世的名字。貝克福德去世之後，路德維希二世彷彿是要承接他的使命一樣，隔年就在這個世界誕生。在這兩人的生命延續期間，浪漫主義興起、浪漫主義衰微。華茲渥斯（William Wordsworth）跟雨果被譽為偉大的浪漫主義者，但其實他們只不過是文學形式上的浪漫主義者而已。他們不過是**寫出**了浪漫主義，在日常生活中只不過是中產階級的理性主義者而已。只有貝克福德跟路德維希二世是真正想**活在**浪漫主義中，他們自始至終都本著同樣的精神。

書目註記

1. Vathek, William Beckford, 1786.
2. The Monk, Matthew Gregory Lewis, 1796.
3. The Castle of Otranto, Horace Walpole, 1764.

幼兒殺戮者

十五世紀法蘭西

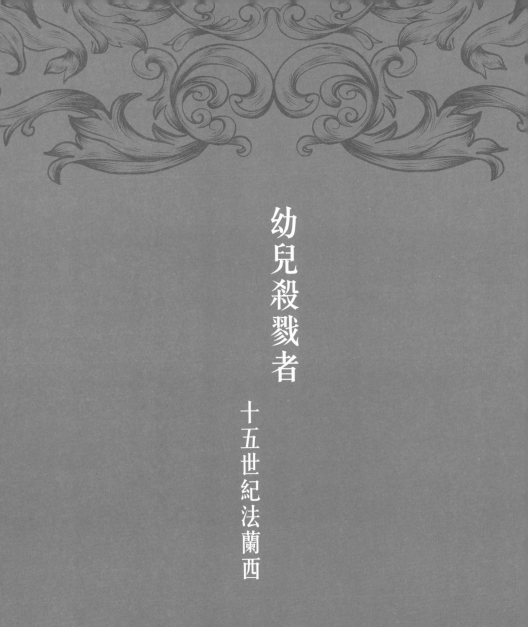

圖6　吉爾・德・雷的審判（巴黎國家圖書館）

中世紀的法國貴族吉爾・德・雷侯爵（Gilles de Rais）以史上最凶殘的幼兒殺戮者而聞名於世，我以前就曾詳細介紹過他的評傳，不過，最近讀了喬治・巴代伊的《吉爾・德・雷的審判》[1]這本我很感興趣的書，書中內容跟我以前的想法有所不同，因此還想再來寫寫這個主題。以法文書寫的侯爵評傳有好幾本，其中以羅蘭・維爾納夫（Roland Villeneuve）的作品（一九五五年）最為簡明扼要，不過我至今對雷侯爵的評價與想法，大多是來自於斯曼的小說——《彼方》[2]當中的見解。因為他的看法被認為是在形而上學方面最為深入且最為適切。然而巴代伊以他一貫令人費解的思考方式修正了於斯曼所提出的部分觀點，用全新的角度來看待雷侯爵的悲劇。他的邏輯雖然晦澀難懂，對我來說卻深具說服力。

「吉爾・德・雷為了永遠的榮耀而犯下罪行。不過，他是否真像世人所說的那樣，是所有時代當中最該被唾棄的犯罪者呢？原則上我並不支持這麼輕率的言論。犯罪是人類的行為，甚至是人類特有的行為，然而其中有著祕密的一面、外人無從得知的一面。」巴代伊首先這麼解釋，以闡明吉爾的罪行當中悲劇性的一面。吉爾是中世紀的特權階級，年紀輕輕就立下戰功，繼承了龐大的遺產，卻很快就把這筆財產揮霍殆盡。由於缺錢花用，為了得到黃金而沉迷於煉金術、熱衷於撒旦崇拜，並在巫師的煽動之下，最終犯下了屠殺嬰兒的可怕罪行。遭拘捕之後被帶到法庭，在眾人圍觀之下懺悔，最後被判處公開處決而死。在這個未滿四十歲的璀璨卻又異常的人生當中，我們可以看到些什麼呢？

首先我們必須考量到，這個野蠻的軍人、這個大權在握的吉爾是中世紀封建社會的人。發生在悄無聲息、恐怖氛圍中的幼兒綁架與屠殺事件，是巨大而黝黑、城牆高高聳立的封建社會本身的象徵性事件。從一四三二年到一四四〇年，也就是從吉爾．德．雷退役到死亡的這八年期間，安茹、普瓦圖以及布列塔尼等地的村民徬徨失措、啜泣不已。因為稱得上是孩子的孩子全都不知去向。恐懼不已的村民一開始都說是壞仙女或妖精拐走了孩子，然而有個令人不安的疑惑逐漸在心中萌芽。從蒂福熱到尚托塞，以及拉謝斯迪約與南特等地，吉爾每次搬遷，身後總會留下一道道淚痕。如今這些城鎮的廢墟吸引了各地旅人的目光，然而在當時，這些城牆是可怕的牢獄，厚重的牆面常常掩蓋了被嚴刑拷問時的淒慘叫聲。後來《藍鬍子》(La Barbe Bleue) 的傳說在這些城鎮廣為流傳，住在城裡的不是壞仙女，而是一個嗜血的男人。他所犯下的罪行，是超乎想像的放縱所造成的結果。根據法院的記錄，性快感並非是他的罪行本質。原來如此，他雖然屠殺幼兒，剖開他們的肚子，將手腳肢解，浸在泥濘而微溫的臟腑中，神情恍惚地望著幼兒臨死前的痛苦與痙攣，然後在瀕臨死亡的肉體上射精，但他這麼做不是為了獲得性快感，而是為了殺戮的喜悅、為了嗜血的興奮。

這個嗜血的欲望，跟這個封建貴族對戰爭的熱愛以及其近乎瘋狂的浪費行徑有關。他跟聖女貞德在奧爾良並肩作戰，出席蘭斯的祝聖儀式，在弱冠之年、年僅二十五歲時就被國王授予元帥的稱號，於是他在自己的領地上奢侈地組了一支軍隊。他召集至少兩百名騎兵擔任親衛隊。讓他們每個人都穿上華麗的裝扮，相當志得意滿。另一樁鋪張浪費的行徑則是興建富麗堂皇的教堂。

包含教士與少年合唱團成員在內，整個馬什庫勒鎮大約有八十名神職人員，簡直就像是一個宗教王國。就連禮拜堂也裝飾得美侖美奐，大量使用了蕾絲花邊、金襴錦織、布滿寶石的天鵝絨，以及黃金燭臺等物品。吉爾．德．雷直到山窮水盡仍大肆揮霍，他似乎一心只想著要眩惑人心。在瘋狂的驅使之下，他花錢如流水。巴代伊將他這種講究排場與揮霍無度的行為稱為表演型人格，也就是一種表現欲。

「犯罪顯然會招來黑夜。要是沒有黑夜，犯罪就不是犯罪了。只是不管夜有多深，夜晚的恐怖都渴望太陽的光輝。跟雷的殺人行徑發生在同一時期的古代阿茲提克人的獻祭儀式，就似乎少了點什麼。他們在陽光燦爛的白晝，在金字塔的頂端殺人。他們並未打算藉由厭惡白晝、渴望黑夜，來讓殺人的行為變得神聖。相反地，犯罪者在本質上具有某種戲劇性的可能，他會要求在犯罪中拿掉面罩，最後就因為拿掉面罩，才得以自得其樂。吉爾．德．雷具有表演型人格，他透過無恥的行徑、犯罪自白、眼淚以及悔恨，營造出執行死刑時的悲劇性一刻。前來觀看他被處決的人，看到這樣的權貴顯要小小聲地哭著向成為犧牲品的孩童父母親乞求赦免、悔不當初的模樣，無不感恩戴德。吉爾．德．雷希望自己比另外兩名共犯更早被處決，這樣他就能讓見證了自己殺戮現場的血腥人物，而且還是和他有過肉體關係的人看到自己被勒斃以及被焚燒的場面。」

我想讀者可以從這篇短文中發現，「惡之哲學家」巴代伊對犯罪的深入洞察委實讓人驚訝。關於中世紀這個消費社會所特有——把犯罪當成玩樂的表演型人格，之後還會提到其與戰爭的關聯，不過，說到犯罪者在本質上具備的表現欲，那就不只是中世紀而已。就算是現代，犯罪者在潛意識中肯定也渴望被公開處決。即使如此，中世紀這個公開處決的時代，是一個難以想像的弔詭時代。在中世紀這個有著強烈神聖與罪惡觀念的時代，聖人殉教與惡人被處決是極為眩惑人心的雙重意象。

雖然沉迷於這種不像是人類能做出、虐待狂似的可怕行為之中，吉爾的心裡卻不斷受到後悔的念頭逼迫與苛責。根據於斯曼的說法：

「他被無數的亡靈責備，像是畏懼死亡的動物般咆哮，就這樣度過無數個贖罪的夜晚。他猛然下跪，淚如雨下，向上帝發誓要刻苦修行，而且還說要成立慈善基金會。然而這個善變且處於亢奮狀態的心靈有許多交叉錯雜的不同想法接連出現，他一下子灰心喪意、大聲哭泣，一下子卻又出現凶殘的舉動，沉醉於瘋狂殘暴之中。他讓人帶來孩子，渾然忘我地化身為武士，他挖出眼珠子，用手指在血水中攪和，然後用有尖刺的棍棒將頭蓋骨打到腦漿迸裂為止。」

無論吉爾的精神狀態再怎麼混亂，這個混亂跟基督教並不矛盾，吉爾的靈魂應當被視為可以得救吧！所謂的基督教，或許就是為了獲得赦免所需的犯罪與恐懼。聖奧古斯丁（Aurelius Augustinus）所說的「幸福之罪」大概就是這個意思。基督教把只有基督教可以忍受的瘋狂暴力跟基督教本身所包含的人性結合在一起。要是少了雷侯爵的罪行中的瘋狂暴力，我們大概就無法理解基督教這個宗教的本質吧！換句話說，雷侯爵罪行就是瘋狂的基督教式衝動。要是不去管語意上的些微差異，這個結論就跟於斯曼的看法幾乎一致。

巴代伊的解說比於斯曼更高明的地方在於，巴代伊是以一個野人——如同日耳曼戰士般的古代人，以及一個有如愚蠢的孩子般的人來看待雷侯爵。換句話說，出現在問題之前的，是姑且跟基督教扯不上關係、本身體內潛藏著暴力的古代人。

關於吉爾的幼年時期有許多不明之處，不過有記錄顯示他在一四〇四年年底出生於安茹地區的尚托塞城。吉爾十歲時，父親在打獵時喪命，母親在那之後不久就拋下吉爾跟弟弟雷尼改嫁他人（另有一個說法是生下雷尼之後就去世），因此由外祖父尚·德·克萊因擔任這對年幼兄弟的監護人。這名老人就像那個時代極為富有的權貴顯要一樣，不僅粗暴、貪婪，還很陰險。他對年幼的吉爾放任不管，對這名少年的品德教育造成極為惡劣的影響。不過，根據於斯曼的說法，吉爾雖然成長於如此惡劣的環境中，卻早早就表現出對課業學習與古典文學的高度興趣，據說「跟他同一輩的人都還像動物一樣的時候，他就已經具備高度的藝術素養，不僅對艱深晦澀的文學充滿嚮往，熱愛天主教會的音樂，而且還是個學識淵博的拉丁學者。」按照巴代伊的想法看來，於斯曼的這番話未必可信。原來儘管從後人眼中看來，雷侯爵這個人充滿了謎樣魅力，但他並非學者型的人物，反而是個極易聽信他人、如同孩童般的愚蠢人物。

一四三二年，吉爾的外祖父在尚托塞去世時，吉爾已有二十八歲。他所繼承的龐大遺產幾乎可說是法國第一，光是土地與城池就不知有多少，每年的收益高達三萬里弗爾（livre），而且法國元帥的年收入有兩萬五千里弗爾之多。然而這些土地與城池都因為他的鋪張浪費而逐漸從手中消失，他的理財觀念就跟幼兒沒什麼兩樣。他不懂得思考反省，總是一再受到衝動驅使，因此屢次在買賣中受騙。最終造成吉爾被捕的**導火線**，也是為了彌補財務缺口而出售聖埃蒂安・德梅爾莫爾特這片領地的緣故。不知道吉爾是怎麼想的，他帶了兩百人強行闖入這片已出售的土地，侵占教堂，並且將買方的神職人員當場抓起來關進蒂福熱的地牢裡，居然做出這麼愚蠢的違法行為。在這之前，他就被義大利的巫師普勒拉蒂（François Prelati）所騙，因而熱衷於召喚魔法與獻祭儀式。這些事實都足以證明他的愚蠢與迷信。

「他的悲劇不僅是浮士德（Doktor Faustus）的悲劇，而且還是一個孩子般的浮士德悲劇。實際上在惡魔跟前，這個怪物可是會渾身發抖的」，巴代伊這麼寫著。尤其是在最終的審判中，他的態度前後矛盾，簡直就像一個任性又不聽話的孩子所表現出的態度。他先是倨傲地大聲辱罵法官，拒絕陳述。接著像他平常那樣，從一個極端跳到另一個極端，淚流滿面地坦白說出一切，並且逐一懺悔各項不堪入耳的醜行。他看起來似乎完全不打算為自己辯護，只是受到如同海浪般襲來的自白衝動所驅使。

因為掌握了這樣的證據，巴代伊把吉爾當成孩童來看待。只是這個孩子幾乎擁有絕對的權力，以及享用不盡的財產。而且孩童的怪物性是你我都無可否認的。要是有個孩子擁有跟吉爾同樣的權力與財產，他也會發揮出跟吉爾同樣的怪物性。所有的孩子都是小小的吉爾·德·雷。我們稱之為怪物，是因為我們用成人的眼光、理性的眼光來看待之故，孩子的世界裡並沒有什麼怪物性。拔掉蝴蝶翅膀的孩子跟撕裂兔肉的老虎都不是怪物。而不受文明束縛、以凌辱女子與孩童為樂的古代日耳曼戰士也不算是怪物。吉爾或許是在中世紀的世界裡姍姍來遲的古代人。

至少在中世紀初期，日耳曼的野蠻風俗依然深植於騎士的養成教育中。騎士制度起源於參加成年禮的日耳曼年輕人集會。基督教到後來才對騎士教育造成影響，大約是在十二或十三世紀左右才可見到其影響力，也就是在吉爾出生前兩三百年左右。不過，就算到了如同赫伊津哈所著的《中世紀之秋》[3]的十五世紀，殘暴、酗酒與言行放蕩等日耳曼式的暴戾風氣肯定還潛藏在這個基督教與宮廷戀愛盛行的社會裡。這些古代的敗德辱行，全都可以在吉爾身上看到。事實上，他天生就是個勇猛的戰士，喜歡吃加了許多辛香料的料理，喜歡喝添加了香料的烈酒，而且就像日耳曼的武將一樣，習慣用酒來刺激感官，不但有同性戀行為，也喜歡看到殘忍的流血場面。吉爾坦白地說自己「從年輕時就很厚顏無恥」，「犯過所有的重罪。」對於視戰爭為玩樂的封建領主來說，讓法國北部一帶化為荒野的英法百年戰爭肯定是獲得流血快感的好機會。據說西班牙的菲利普二世（Felipe II）在聖康坦戰役中就連騎在馬背上都忍不住噁心想吐，不過吉爾可不是這樣嬌貴的文明人。面對戰爭這樣壯觀的場面，這位徹頭徹尾的軍人更能體會到性興奮與流血場景結合在一起的樂趣。

在中世紀的貴族社會裡，勞動是卑賤的奴隸義務，貴族則像是沒有任何義務的孩子一樣，可以盡情玩樂。成年人要能像孩子般玩樂，當然非得是特權階級不可。沒有特權的人不能不從事勞動，有特權的人則是不能不玩樂——也就是打戰。戰爭本身就是一項玩樂。從近代的戰爭觀看來，中世紀的戰爭無法從效率的角度來審視，它跟人類的理性活動恰恰相反。換句話說，戰爭純粹只是玩樂。不過，吉爾所生存的那個戰爭與特權結合在一起的時代逐漸出現了變化。馬基維利(Niccolò Machiavelli)的時代來臨了。從吉爾的眼中看來，戰爭就是一項玩樂，然而這樣的看法逐漸式微。戰爭逐漸變成一種全體性的災害，同時對大多數人來說，也成為一項勞動。貴族也不再把戰爭視為玩樂，而是改從理性的角度來思考。技術與經濟成為決定戰爭勝敗的主要因素，玩樂的成分急速減少。從原理上來說，戰爭是玩樂這件事本身，從以前到現在都沒有任何改變，但不可否認的是，文藝復興之後的戰爭由技術訓練與科學決定其勝敗，在本質上具備合理的特性。

吉爾以法國元帥的身分跟隨聖女貞德征戰沙場，立下顯赫戰功，然而少女將軍在一四三一年被燒死之後，吉爾採取了什麼行動始終是個謎，但他恐怕不再是國王跟前的紅人，失去作戰目標的軍人其悲劇就此產生。失去作戰特權的武將什麼都不是。吉爾本身就是封建社會精神的具體呈現，除了戰爭讓他找到的立足之地以外，他在這個世界上並無容身之處。另一方面，因為戰爭而陷入經濟困境的封建社會已不再需要他，他只能待在蒂福熱城閉門不出。從這個時候起，他的城裡開始飄散出屍臭味。

後來在尚托塞與馬什庫勒城裡的地下室發現了腐爛的幼兒屍體，這些無法輕易走近、護城河又寬又深的石造建築，是尚且將封建貴族當成神一樣崇拜的古老戰爭象徵。這個古老的戰爭註定要為一輩子都奉獻給戰爭且意欲沉醉其中之人，帶來一種不祥的暈眩感。它逼得人發狂，並且迫使人在灰暗的思考中窒息。吉爾無法輕易地從這個暈眩中逃離，也無法輕易捨棄這片城牆所象徵的精神。因為他是個笨拙、愚蠢且不成熟的男人，除了有如玩樂般的戰爭之外，他不能奢求也無法接納另一種人生。他也無法像中產階級那樣，靠著算計與貪婪贏回財產，並且加以管理。理性與勞動的世界，他連一瞬間都無法從遠處眺望，那樣的世界他終究無法生存其中。

「想死的念頭就這樣在吉爾心中萌芽。這個男人逐漸陷入犯罪、性倒錯以及墓地般的孤獨當中。在這深深的沉默中，經常出現在他腦海裡而無法忘卻的，是他以令人不快的吻褻瀆死去孩子的容顏。在這個城牆與墓地的舞臺裝置中，吉爾．德．雷的隕落彷彿就像是舞臺上的幻影一樣」，巴代伊如此表示。簡單說來，雷侯爵的悲劇是封建社會的悲劇，也是權貴顯要無法順應時代潮流的悲劇。就像是沉浸在十九世紀丹蒂主義（dandyism）中跟不上新時代潮流的羅貝爾．德．孟德斯鳩伯爵的悲劇一樣。

接著出現的場面，是吉爾．德．雷鋪張浪費的行徑與破產、為了挽回破產的局面而沉迷煉金術，以及最後有如表演般的公開處決。

自從不得不放棄戰爭之後，吉爾就過著近乎瘋狂的消費生活。比起奢侈或者揮霍，他的行徑更會讓人聯想到原始的人擇原理（anthropic principle），也就是**極端的玩樂**。民族學家就曾在北美印地安族的奇特風俗「誇富宴」（potlatch）中，看到這種為了炫耀而極端浪費的典型例子。根據赫伊津哈的說法，這項大規模的慶典是

「將部落分成兩半，其中半數的人只是為了向對方誇耀己方的優勢，就大量浪費財物。除了有莊重威嚴的儀式之外，也贈予數量龐大的各類財物。」

——《人，遊戲者》（homo ludens）

誇富宴的精神也存在於羅馬統治末期，以及中世紀的某個時期。這正是沙特在《聖惹內：戲子與聖徒》[4]一書中稱為消費社會的時代。沙特說：

「消費的極致並非享受財富而是加以破壞，消費社會的代表性人物——也就是戰士——會選擇讓自己被消費。」想必大家都能了解，這種為了炫耀的浪費行為，其社會學基礎跟被視為玩樂的戰爭十分類似。

據說十二世紀左右，在利穆贊地區的某個宮廷裡舉辦了奇妙的浪費比賽。一名騎士在翻過土的田裡種下銀幣，另一人用蠟燭來燒烤烹煮食物，第三名騎士則下令將自己的馬匹通通燒死。吉爾雖未特別在宮廷比賽中向人們炫耀自己的浪費行徑，但自從不得不放棄戰爭之後，他突然開始

過起了極端的消費生活，讓人聯想到十二世紀騎士心中的想法。但值得注意的是，他身處的時代已經是十五世紀中葉。這個時期整個法國北部都還在陸續興建火焰式的哥德修道院，然而在現實層面上的經濟基礎卻已經開始出現變化。吉爾所蓋的禮拜堂極盡奢華，相當引人注目，但是從當代人的眼中看來，稍顯不合時宜。吉爾跟人借錢，拿城堡抵押、轉讓土地。包括布列塔尼公爵約翰五世在內，跟吉爾做買賣的人都巧妙利用了他那毫無節制的浪費行為。

一四三五年，吉爾待在奧爾良的期間，為了紀念聖女貞德的偉大事蹟毫無意義地任意揮霍，舉辦了包含戲劇與舞蹈表演、戶外競賽以及遊戲等項目在內的慶典。這件事過了很久仍然是民眾茶餘飯後的話題，也成為貴族之間的醜聞。雖然他很崇拜聖女貞德，但難以想像他能理解這位救國女戰士的想法，因為他不可能關心祖國的命運，他感興趣的就只有自己而已。其實他在潛意識之中期盼的，是能夠像從前那樣因為聖女貞德而廣受民眾愛戴。舉辦慶典的那一天，以前那位戰功彪炳的法國元帥雷侯爵，甚至在旌旗與兵器的團團圍繞之下，以跟隨少女將軍征戰沙場的重要人物之姿，在「奧爾良之圍」（Siège d'Orléans）這齣聖蹟劇中登場。當這齣戲劇以及有許多奧爾良居民參加的豪華宴席落幕時，吉爾返回他在蒂福熱的城堡，此時他的財務狀況已出現問題，明顯可看到破產的徵兆。據說這次的慶典共花費八萬埃居（écu），那是如今無法想像的龐大金額。

在蒂福熱城裡的房間深處，吉爾找來巫師和有模有樣的學者，沉迷於煉金術與召喚魔法之中。這無疑是鬱鬱不得志的吉爾被迫面對孤單寂寞生活後的唯一樂趣，但是在破產這件事變得越來越真實之後，他心中萌生了想要利用這套神祕學問實際製造出黃金，以解決目前困境這樣的想法。希望之火在來自阿拉伯的煉金爐（精煉窯）與梨型壺下方熊熊燃燒。然而反復多次實驗仍宣告失敗，煉金術士都不知道來了幾個，然後又一個個地從城裡逃走。宣稱自己能使出召喚魔法的術士也來了好幾個，雖然在城裡進行了召喚魔王的儀式，然而出現在這些有模有樣的術士面前的（他們所謂的）魔王，卻連一次也沒有在吉爾面前現身過。

吉爾這麼迷信、這麼容易受騙上當又這麼欠缺考量，委實令人驚訝。他一方面向上帝禱告，另一方面卻又向惡魔祈求，絲毫不覺得有任何矛盾。雖然跟惡魔簽訂契約，但他的靈魂與生命似乎到最後都沒被賣掉。自從讓許多孩子成為犧牲品後，他每個夜晚都很苦惱，但他似乎連作夢也沒想過自己會墜入地獄，他相信自己終究會因為某些奇蹟而得救。在審判期間，他的共犯普勒拉蒂被問完話即將被帶回牢房時，吉爾抱著普勒拉蒂對他說：「再見了，弗朗索瓦，我們大概沒機會在這個世上再碰面了。我會跟上帝禱告，求祂讓你永遠保持耐心，永遠保持清醒。聽好了，不管什麼事都要忍耐，只要對上帝抱持著希望，我們就能在天國的喜樂中相見。」這樣的中世紀信仰、中世紀靈魂，我們該作何解釋才好呢？

吉爾對教會音樂幾乎是抱持著狂熱又執著的態度，而這或許也能說是他對自己在現世中犯下罪行的一種開脫。雖然不像文藝復興時期的專制君主或傭兵隊長那樣厚顏無恥，不過他似乎也相信，建造雄偉壯觀的禮拜堂，再加上葛利果聖歌（Gregorian Chant）以及少年合唱團的神聖美聲，就能洗淨現世的罪行。

而聖歌隊純淨的男童高音，對他而言也是官能愉悅的來源。他不惜花費巨資找來美聲少年，留在自己身邊。他不僅挑選「如同天使般俊美」的孩童在他身邊打理大小事務，審判記錄顯示，他還讓這些孩子待在血腥的幼兒殺戮現場，讓他們負責將幼兒骸骨裝箱丟棄。有個美聲少年名為尚．盧西諾（Rossignol，意指夜鶯），原本是普瓦捷的教會合唱團成員，因為被吉爾看上，講好要給他馬什庫勒的土地，硬是被帶到蒂福熱城裡去。

吉爾所屠殺的孩童人數究竟有多少？吉爾本身的供述並不明確，不過，審判記錄顯示，直到他被判死刑為止，他在八年期間殺害的人數是八百人或超過八百人。要是像納粹一樣利用近代科技來殺人也就罷了，八百這個數字以當時來說相當驚人。就算是羅馬暴君、義大利僭主或者蒙古大汗，也不會只為了嗜血的興奮就殺害這麼多人。不過，每個評論家對這個數字的說法有很大的出入，米什萊（Jules Michelet）說是一百四十人，戈雷斯（Joseph von Görres）說是一百五十人，儒勒．拉尼奧博士（Jules Lagneau）認為是兩百人以上，而於斯曼也說殺害八百人是令人難以想像的事。八年期間，無論是在蒂福熱還是在拉謝斯迪約的村子裡，男童消失殆盡，而在尚托塞城裡，塔樓的地下室則有屍體層層堆疊。

吉爾．德．雷被逮捕後，於一四四〇年十月在南特法庭公開受審。十月二十二日，他在法庭上詳細描述了跟煉金術有關的事、向魔王祈願的事，以及屠殺幼兒等所有重大罪行。據說當他開始訴說自己犯下的罪行時，由於內容太過可怕，在擠得水洩不通的旁聽席裡，有女性聽眾驚嚇昏厥，甚至連法官都面色發白。吉爾彷彿未曾看見或聽見這些騷動似地，像是要擦拭滴下的血滴般望著自己的雙手，大汗涔涔地繼續說下去。他說完之後，就像全身突然失去力氣似地猛然跪下，顫抖著身子哭著懇求道：「神啊，我祈求您的憐憫與赦免。」

「司法上的處刑不再被視為一種可為民眾帶來娛樂與不安的表演並不是很久以前的事」，巴代伊這麼寫著。他並且還說：「在中世紀時期，沒有哪一次處刑不是表演。當時罪人的死，就像是舞臺上的悲劇一樣，那一瞬間不僅振奮人心，也具備重大意義。戰爭也好，殺戮也好，盛大的宗教儀式也好，罪人的處刑也好，都跟教會或城塞一樣地左右著民眾。道德衡量標準以及一般生活感受都來自於其中。吉爾．德．雷不能不被判處死刑，因此對民眾來說，打從他被捕的那一瞬間開始就已經是一場表演。就像戲劇海報中的精采劇情般預告了他的死刑。在中世紀所有罪人的處刑當中，沒人能像吉爾．德．雷的處刑這樣帶來戲劇般的感動。同樣地，他的審判不僅是在所有的時代中最能打動人心的審判，而且也是最悲劇的審判。」

吉爾在一開始當面辱罵法官，但是在聽到要被處以絕罰之後，他開始驚慌不安。他一向迷信，雖然犯下可怕的罪行，沉迷於惡魔般的行為之中，但終究沒有完全背棄神。他下跪哭泣，懇求法官取消絕罰。犯罪者的表現欲以及無法克制的自白衝動，在他荒廢已久的心中種下火苗。而這把火的熾熱，甚至連旁聽席的聽眾也能感受到……不過，巴代伊所寫的內容就引述到此為止。

「由於吉爾極力懇求，法院取消了絕罰，允許他參加領受聖禮的儀式。神的審判已了，因為認罪、受罰並且悔悟而消滅，剩下的只有人的審判而已。因為犯下誘拐與屠殺孩童的罪行，吉爾被宣告死刑並沒收財產。然而，吉爾如今對即將到來的刑罰並不感到害怕，他謙卑而熱切地盼望著救世主的慈悲。而且為了避免死後要永遠承受焦熱地獄之苦，他極力請求讓他判處火刑作為贖罪。」於斯曼這麼寫道。只能說中世紀真是一個了不起的弔詭時代。

書目註記

1. Le Procès de Gilles de Rais, Georges Bataille, 1957.
2. Là-Bas, Joris-Karl Huysmans, 1891.
3. The Autumn of the Middle Ages, Johan Huizinga, 1919.
4. Saint Genet, Jean-Paul Charles Aymard Sartre, 1952.

恐怖大天使

十八世紀法蘭西

圖7　聖茹斯特

熱月*九日是命運的分歧點，要是那一天聖茹斯特（Louis Antoine Léon de Saint-Just）在國民公會能把他要報告的內容說完，或者聖茹斯特還能再多活一段時間的話，拿破崙一個人在舞臺上發光發熱的時代絕不會到來，似乎是大多數歷史學家共同的意見。大革命的狂潮逐漸平息後，常被拿來比較的這兩人即將步入壯年。一七九四年，也就是聖茹斯特跟斷頭臺上的露珠一同消逝的那一年，這位被稱為「恐怖時期的大天使」的年輕公安委員二十七歲，比他小兩歲的拿破崙則是二十五歲，一個站在顯赫而血腥的權力金字塔頂端，另一個則不過還是個默默無聞的地方司令官。不過，要是熱月政變並未成功，掌握革命政府領導權的人是聖茹斯特而非羅伯斯比爾（Maximilien de Robespierre）的話，肯定就會像馬圖林·德·萊思克（Adolphe Mathurin de Lescure）所說的一樣，他會成為拿破崙最可怕的對手。年輕俊美、行事果斷且具備行動力與組織能力的這兩位天才型領導者的對決，或許會大幅改變其後的歷史方向，成為一場戲劇性的真正對決。

不只是萊思克，就連滿腦子都是拿破崙的十九世紀革命史學家，例如米什萊、奧拉德（François Victor Alphonse Aulard）等人似乎也都忍不住要拿聖茹斯特來跟拿破崙比較。不過，要是不把他們看作是歷史舞臺上的英雄，而是從一個人的觀點來審視的話，就會發現這兩人的個

＊ 熱月是法國共和曆的第十一個月，大約相當於公曆的七月十九日至八月十七日。熱月九日政變發生於法國共和曆共和二年熱月九日（一七九四年七月二十七日）。

性有很明顯的差異。拿破崙憤世嫉俗，聖茹斯特則比他嚴厲且絕望得多。就像安德烈．馬爾羅在阿爾貝．奧利維爾的大部頭著作《聖茹斯特傳》[1]中的序言正確指出的一樣，拿破崙受到野心的驅使，一味追求榮耀；相反地，共和國的理念對聖茹斯特來說具備至高無上的價值，因而讓他瘋狂追求，最後以身殉道。身為絕對探求者，他的一生如同煙火般短暫，因此常被拿來跟蘭波比較，不過他那一味忠於原理而孤傲不群的姿態，則會讓人聯想到杜斯妥也夫斯基（Fyodor Dostoevsky）作品中的人物。他正是跟大革命的最後階段——亦即恐怖時期——完全融為一體的人物，借用泰納（Hippolyte Adolphe Taine）的話來說，他是「一把活生生的革命之劍。」有趣的是，厭惡雅各賓主義（Jacobinisme）與羅伯斯比爾的歷史學家，唯有在提到聖茹斯特時都忍不住想稱讚一番。就連這些毒舌派的歷史學家，似乎也難以抵抗一心奉行斯多噶主義（stoicism）的青年魅力。

話說回來，這十多年來我對聖茹斯特一往情深，並非是因為傳記作者提到他，看起來不像是個冷靜的恐怖分子，並且有著女性般的容顏、天使般的美麗外表。小牧近江教授好意借我翻閱由查爾斯．貝斯雷（Charles Beslay）所編的《聖茹斯特全集》上下兩冊，是我好幾年學生時代的枕邊書。當時在我的書桌上，右邊是薩德侯爵，左邊則是聖茹斯特。這兩個站在一百八十度相反位置上的炙熱靈魂，都有著讓我不能不陷入狂熱的某種激烈而極端的東西。後來卡繆（Albert Camus）在《反抗者》（L'homme révolté）的第三章——〈歷史性的反抗〉中，就拿這兩人來比較並加以評論。卡繆以明確的邏輯替我隱隱約約感覺到的事提供了確實的證據。不過，這些在後面都還會提到，首先來回顧一下聖茹斯特的一生。

一七六七年八月二十五日，路易・安托萬・萊昂・德・聖茹斯特在法國中部的涅夫勒省德西茲市出生。父親原本為農民，後來成為輕騎兵上尉，獲得最低階的貴族階級——也就是騎士的稱號，母親則是村子裡有錢公證人的女兒（所以聖茹斯特後來在國民公會才會被政敵半帶揶揄地稱為「騎士聖茹斯特」）。幼年時期的聖茹斯特被寄養在擔任牧師的伯父家中，但是在伯父去世之後，他就又回到當時已返回故鄉庇卡底地區居住的父母親身邊。他是長子，後來母親又生了兩個妹妹。

法國北部的庇卡底地區有著濃厚的鄉村風情。聖茹斯特在這裡度過青少年時期，即使在成年之後，他依然對田園牧歌風情充滿嚮往。他十歲的時候，當時已退役的父親在同一地區的布萊朗庫爾這個小村莊購入房舍，一家人搬遷至此地，然而父親在同一年與世長辭。

喪偶的母親將兒子送進蘇瓦松附近的奧拉托利會（Oratorians）宿舍讀書。他在這間紀律嚴明的教會學校待到十八歲，有些老師（全都是修道士）似乎很開明，常會親切地跟他交談。同學對他的評價不一，有人說他「善良又親切」，也有人說他「喜歡搞破壞、喜歡動作粗暴的游戲。」看來他似乎是「令人畏懼而非受人愛戴」的類型。他喜歡寫詩這件事應該是真的，但據說班導讀了他寫的一篇跟宗教有關的作文後，曾經預言「將來這孩子如果不是偉人，就會是大壞蛋」，這個故事就不太像是真的。

聖茹斯特放假回到布萊朗庫爾的時候，認識了村子裡公證人的女兒泰蕾茲．熱萊（Thérèse Gellé），兩人偷偷在談戀愛。她比他年長，是個臉上有雀斑的圓潤型美女。兩人手牽手在附近的草原或庫西城遺跡散步，青年讓少女看他寫的詩，並向她訴說自己的文學野心。然而很快就傳出流言蜚語，少女的父親在驚訝之餘，趁著聖茹斯特不在家鄉，硬是將女兒嫁給了稅務官的兒子。對年紀輕輕的聖茹斯特來說，這是他人生中的第一個挫折。

後來自爆自棄的聖茹斯特拿了家中的銀器逃到巴黎，在那裡被憲兵逮捕，並且在母親的要求之下被送進皮克布的感化院——這是傳記裡的一貫說法。聖茹斯特用假名從巴黎寄給母親的信件似乎也都還留著。然而自從查爾斯．貝斯雷的研究發表後，這段太過天馬行空的小插曲就被質疑是否為真。不過，他這個時期原本就常去巴黎，據說都是在皇家宮殿一帶的不良場所鬼混，與小混混、女伶和妓女都有來往，至少他曾是相當叛逆的不良少年這件事也許是事實。他或許也曾偷過東西，就算偷的不是家中財物。簡單說來，他在巴黎、布萊朗庫爾、蘇瓦松，以及蘭斯等地度過他的頹廢青春。母親為了對法律有興趣的兒子在蘇瓦松找了個訴訟代理人的書記職缺，並且讓他進入蘭斯的法律大學就讀。聖茹斯特在一年後取得法學士的學位。

根據米什萊的描述，聖茹斯特在蘭斯的大學就讀時「喜歡用黑布蓋住整個房間、門窗緊閉，然後在這個有如墳墓般黑暗的房間裡想像自己早已在古代死去，就這樣度過好幾個小時。」跟古羅馬有關的書籍讓年輕而多愁善感的聖茹斯特讀過之後感動不已。那篇備受批評的猥褻長詩《奧爾剛》（Organt, poème en vingt chants）被認為是在這個時期完成的，然而其內容卻不是對偉大古代世界的憧憬，而是將醜惡的現實化為寓言，澈底愚弄由國王、女王以及僧侶掌控的既有秩序，也就是露骨的反抗詩。還以為詩中會有上帝、撒旦或者神話中的怪物，卻是美女被淫蕩的僧侶所凌辱、被魔法變身為驢子的男子以驢子的外形跟戀人親熱（亦即人獸交）這樣的內容。這個錯綜複雜的故事情節以及其寓意，不能不說並不容易理解，不過這部作品給人的感覺，是對這個世界的不合理之處煩躁不已的青年，透過異常的幻想故事，在紙上宣洩心中鬱積的憤懣與焦躁（就像作者自己所說的一樣，驢子凌辱少女這個主題來自於伏爾泰的反宗教長詩《奧爾良少女》〔la Pucelle d'Orléans〕）。

也有人將寫出這篇《奧爾剛》的詩人聖茹斯特視為蘭波與洛特雷阿蒙（Le Comte de Lautréamont）的先驅，也就是比所謂的「被詛咒的詩人」領先許多的先驅者。最先注意到青年革命家之文學面向的，是從這樣的立場來編輯其選集的尚・格拉帝安。他漂泊不定、不知檢點、寫詩，並且早早就退出文壇，這幾項特點的確會讓人聯想到《地獄一季》[2]的詩人。蘭波的父親也是個沒沒無聞的低階軍人。蘭波出生於法國北部的鄉村小鎮沙勒維爾，他常去巴黎跟前輩詩人魏爾倫鬼混這件事相當廣為人知。在很快就離開文學世界踏進實務世界這件事上，兩人也是極為相似。不同之處在於，前者在二十七歲就跟斷頭臺上的露珠一同消逝，蘭波則是在他捨棄文學後的大約二十年期間，做過各種社會底層的工作。

《奧爾剛》於巴黎出版是在一七八九年五月，也就是革命爆發的兩個月前。因為害怕政府當局追查，不列出作者姓名，並且將發行單位標示為梵蒂岡。這是當時黃色書刊或政治傳單出版時的常見作法。政府當局果然查禁了這本書，並立即下令逮捕作者，聖茹斯特感覺到情況危急因而潛逃。後來巴士底監獄在七月十四日發生暴動，巴黎市內一片混亂，他因此得以躲過追查。

巴士底監獄的暴動發生後，聖茹斯特在巴黎某處看著市內一片混亂的景象，並不特別興奮。民眾的大規模反抗，從他眼中看來似乎不過是「奴隸的自我陶醉」而已。雖然不知道他是因為什麼樣的內在轉變而告別頹廢的青春時代，並找到新的目標來執行，不過在這個時期，他就已經在好幾篇文章裡表明自己決心改變至今的生活態度。以下引用他在一七八九年左右創作的一幕詩劇《小丑戴奧甄尼斯》中的一節。

我的心是自由的　斬斷鎖鏈
從人類的愚昧中解放
將歡樂與戀情拋諸腳下
我已下定決心
這襲大逆不道之罪的金縷衣

訴說著你所犯下的所有惡行
戀愛這種東西　不過是無聊的欲望
偉大的心靈與此無緣……

從戀愛的迷惘中覺醒的小丑，顯然是作者自我比喻。就像脫掉小丑的服飾一樣，他不能不撕去自己破舊不堪的外皮。這是走出混沌狀態後下定決心做出抉擇的時期。聖茹斯特做了什麼選擇呢？他曾自行說明過《奧爾剛》的創作意圖，說是「風俗與瘋癲的類此。」如今他投身於世界的瘋癲當中，光是描述瘋癲並不能讓他滿足，他覺得必須毅然決然地結束這個世界的瘋癲，毫無目標的反抗終於轉化成對統一的熱情。自己的變革與世界的變革在同一直線上結合後，以革命家的身分出發，年輕的聖茹斯特有其獨特之處。對他來說，如今對共和國的熱情已成為他的絕對目標，而這既是對統一的熱情、對世界哲學式的熱情、對原理抽象化的熱情，同時也是對自己斯多噶主義式的熱情。

根據奧利維爾的說法，聖茹斯特在蘭斯的大學就讀時，就已經跟十八世紀積極從事思想運動的神祕主義祕密社團——共濟會（Freemasonry）的分支有過祕密聯繫。共濟會在法國革命的過程中所扮演的角色毀譽參半、褒貶不一，奧爾良公爵（duc d'Orléans）、米拉波伯爵（Honoré-Gabriel de Riqueti）等許多貴族以及第三等級（Tiers état）的議員當中都有人加入這個社團也是不爭的事實。後來聖茹斯特在演說中常提到「風俗的重生」這樣的表達方式，是共濟會的革命進程最典型的例子之一。那並非來自於近代政治上的意義，而是在語言的嚴格意義上反動，展現出對於黃金時代的鄉愁，以及道德與原理的絕對回歸。換句話說，就是讓因為技術與產業而墮落的民眾，再度回復宏偉古代道德狀態的「重生」之意。不只是聖茹斯特，許多跟他同時代的人都對古羅馬與斯巴達的共和國懷抱著憧憬是眾所皆知的事。這種祕密社團般的反動理念，跟十八世紀的象徵——進步的宗教——一同影響著革命家的熱情，這一點值得注意。

訂下目標決心賭上自己性命的聖茹斯特，在二十三歲時投身於革命實踐活動的漩渦中。他寫了封慷慨激昂的信給前輩卡米耶．德穆蘭（Camille Desmoulins）與羅伯斯比爾（一七九〇年），當選為國民公會的議員（一七九二年），並且以冷酷無比的論調主張處決路易十六。因為這個國王審判的問題，他的才能一舉獲得賞識，因此成為雅各賓黨的主要勢力——羅伯斯比爾派最強而有力的鬥士。公安委員會在一七九三年設立後，他於該年七月取代失勢的丹東（Georges Jacques Danton）成為公安委員。不過，只要翻閱任何一本有關法國革命史的書籍，就能看到針對當時社會與政治狀況等背景的分析與詳細解說，我想沒必要在這裡重提。我在此應試著從另一個角度來認識聖茹斯特這個行動派。首先就來探討他的第一本政治論文——《革命的精神》[3]，這本著作以他那著名的格言式文章寫成，不但經常被引用，還讓卡繆感嘆是「斷頭臺的風格」。

在布萊朗庫爾的鄉下地方，當時為夏季，聖茹斯特在庭院樹下擺了三張桌子，並且在每張桌子上放了稿紙和筆，他在庭院裡到處走動，獨自冥思，靈感一來，就會在離他最近的桌子前坐下，握筆開始書寫，有時還會像是對著看不見的聽眾說話似地語氣激昂。那是在一七九〇年的夏天，革命初期發生的事，在那不久之前，他著手寫了政治論文。

這本《革命的精神》在隔年六月出版，作者在序言中提到：「許多人都在談論這場革命，然而大部分的人說了等於什麼也沒說。」這話說得真不客氣。他是否就像他的政敵卡諾（Lazare Nicolas Marguerite Carnot）所批評的一樣，「狂妄自大的程度沒有極限」呢？不過，這本書究竟要對讀者說些什麼呢？

簡單來說，就是讓永恆與歷史和解。從相對主義的懷疑論當中產生了行動的絕對主義。說得更簡單一點，就是與歷史一體同生，「就像聖人是在神當中消滅了自我一樣，要讓共和國跟自己同化」（馬爾羅）。在他的理論當中，不僅沒有十八世紀所有哲學的出發點——亦即孟德斯鳩（Charles-Louis de Montesquieu）風格的理性信仰，就連宗教的神聖以及世俗的神聖（理性）這兩項也都排除在外，體認到世界的不合理性為其基礎。這一點跟《奧爾剛》的精神完全一致，而這就是他領先時代的創新之處。「這世上的所有一切都是相對的，就連神也是。對弱者來說，所有的善都是一種偏見。唯有智者才能察知真理」，或者是「除了善以外，沒有任何神聖之物。任何事物拿掉了善，就不再神聖。唯有真理是絕對的。」

這個稍微帶有士林哲學意味的形式邏輯，卡繆如此描述：「連續用十分肯定的語氣說話，以及公理化、格言式的風格，比生動的肖像畫更能巧妙呈現出他的樣貌。」（像這樣的情況，是把聖茹斯特喜歡用十分肯定的語氣說話這件事視為他的行動的類推吧！）雖說如此，一方面說善是一種偏見，另一方面又說除了善以外，沒有任何神聖之物，這豈不是自相矛盾？然而問題在於善的歷史相對性，以及受國家與民族左右的道德相對性。只是對他來說，這個道德相對性並不像帕斯卡（Blaise Pascal）斷定的那樣，僅僅來自於人類的悲慘，也並非像孟德斯鳩相信的那樣，來自於未成熟的理性進展。對他而言，帕斯卡那如同神一般永恆不變的價值並不存在，孟德斯鳩那如同理性般永恆不變的價值也不存在。

他說：「人心會從自然走向暴力，從暴力走向道德。」另外，他也說：「人類唯有不再有原理且開始文明化的時候，才會隸屬於自然法則。」就跟盧梭一樣，他也把「自然」視為人類的理想狀態。然而從「自然」走向「暴力」的歷史齒輪不可能逆轉。歷史現況已明確證明了人類的墮落，想要再度以道德來回復自然，就一定得經過暴力的階段。暴力可以是善，也可以是惡。「恐怖是雙刃劍，一方面可用於壓制，另一方面則可用於服務民眾」，「現在當然還不是該行善的時候。現在人們所行的一個個的善，都不過是一時因應的作法。輿論必須等待巨大而整體性的惡到來。到了那個時候，人們才會覺得有必要採取適於行善的措施。」

由此可見，對聖茹斯特來說，歷史上的狀況往往會把道德相對主義轉化成絕對主義。與歷史合為一體的人會善用恐怖與暴力，背離歷史的人卻只會加以惡用而已。為了回復整體的善——亦即自然狀態，亦即「原始的單純性」，在那之前必須先等候這世上的惡到達極限、「頹廢的圓環」應該關閉的時候到來。那或許是如同「最後的審判」般的可怕時刻，大概就是被稱為恐怖時期的時代。在《革命的精神》當中，「恐怖大天使」聖茹斯特就像《啟示錄》的天使般敲響警鐘。馬爾羅說得好，「對他來說，共和國不只是政治制度。首先也是最重要的是，共和國是啟示錄，是通往未知世界的希望」。

聖茹斯特就這樣將恐怖主義合理化。他主張斷頭臺是為了美德而運作，因此是為了全體意志而運作。「我們所進行的革命不是審判，是劈在惡人頭上的雷擊」，而且「我們的目的是建立事物的秩序，以確立向善的一般趨勢」——想藉由恐怖來建立事物的秩序，當然就需要嚴刑峻法。全體意志＝斷頭臺＝法律的等式由此產生。這雖是宛如美好的烏托邦的夢想，但是聖茹斯特的共和國卻成為羅馬式的、形式上的、法律萬能的共和國。

當聖茹斯特夢想著透過法律與斷頭臺來實現他抽象化的美德共和國理想時，有個男人說出了「法治還不如無政府狀態」的奇特想法。而且這個男人原本是貴族，在革命爆發前的十三年期間都被關在萬塞訥或巴士底的監獄裡。

「法治還不如無政府狀態。最能證明此事的，就是所有的政府在修改憲法時都會被迫陷入無政府狀態這件事了。為了廢除舊法，必須建立沒有法律的革命制度。雖然新的法律最終會從這個制度產生，但因為這是從最初的狀態衍生而成的第二狀態，再也沒有最初的狀態那樣地純粹。」

——《邪惡的喜樂》4

薩德侯爵深知法律往往會演變成民眾為此而苦這種出乎意料的結果，所以他沒辦法信任社會契約的思想，而且他也認為，「全體意志」的理論不過是個只講空話的空虛理論。跟聖茹斯特恰恰相反，薩德的思想是以個人意志＝暴力＝無政府狀態這樣的等式成立的。

卡繆簡單明了地敘述如下，也就是「薩德以及跟他同時代的聖茹斯特雖然從不同的原理出發，卻同樣都認可犯罪。聖茹斯特當然是反薩德的立場。要是侯爵的信條是『解放監獄，不然就證明美德』，國民公會議員的信條就會是『證明美德，不然就關進監獄』吧！不過這兩人同樣都將恐怖主義合理化。自由思想家將個人恐怖主義合理化，美德祭司則是將國家恐怖主義合理化。無論是絕對的善還是絕對的惡，要是運用邏輯來證明其必要性，就需要同樣的狂熱。」

同樣的狂熱！聖茹斯特的悲劇，是這樣的邏輯矛盾理所當然會導致的悲劇，而他的絕望則是來自於逐漸無法分辨自己跟薩德侯爵的容貌。

成為革命家之後的聖茹斯特私底下過著極端禁慾的生活這件事相當廣為人知。稱得上休閒娛樂的，就是每天早晨在布洛涅森林裡騎馬，或是在塞納河畔游泳這樣而已。有一天，一早就到公安委員露臉的聖茹斯特派人去採買香腸、麵包與瓶裝葡萄酒作為早餐。早餐送到之後，他一邊吃著早餐，一邊在辦公室裡走來走去，似乎正在思考著什麼，然後突然像是心有所感似地說了以下的話。「皮特（William Pitt the Younger）要是看到法國國民議會的議長只吃一條香腸當早餐，不知道會說些什麼？」——這不就像是葉隱武士般的丹蒂主義與自戀嗎？這個小插曲，或許讓人得以一窺他那不知有多強的自尊心。這麼說來，聖茹斯特的行動主義、能量崇拜、對純粹的信仰、對烏托邦的期盼、道德相對主義、喜歡用十分肯定的語氣說話，以及格言式的風格等，不就跟《葉隱》*中的思想極為相似嗎？

他似乎對外表是否整潔非常在意這件事也很讓人感興趣。根據卡米耶·德穆蘭的證詞，他「簡直就像是對待聖體般小心翼翼地打理著自己肩膀上的那顆頭。」無論是哪一張肖像畫都可以看到他的脖子被絲綢高領完整包覆，髮量豐厚，耳朵上掛著大大的耳環，嘴唇厚而性感，臉色蒼白，眼神裡透著輕蔑之色。

前面已經提過他年輕時的初戀故事，他在異性交往上也很潔身自愛。不過，也曾有流傳他經常流連皇家宮殿那一帶的聖塔瑪蘭妓院，因被拒之門外便將老鴇送上斷頭臺作為報復的傳言。然而這個傳聞近期已被明確地推翻。在他一生當中，跟他有過關係的女性不過只有兩個人而已。

＊《葉隱》一書寫成於江戶時代中期（1716年左右），為日本武士道經典。

一個是前面提過的初戀情人泰蕾茲．托蘭。有跡象顯示，她在一七九三年七月離家出走，現身巴黎。當時聖茹斯特如何對待她呢？有一個說法是冷淡拒絕會面。不過，近期發現聖茹斯特至死未曾離身的物件——寫在筆記本上的小說片段，根據其中的內容幾乎可以確定這兩人曾在巴黎某處幽會。內容為自傳體小說，也就是所謂的私小說，很仔細地連枕邊纏綿都寫進去了。在同一本筆記本裡，還有標題為「怎麼樣才會受女性歡迎」的短文。「想要跟女性共度幸福的時光，就要在對方未曾察覺的情況下讓她幸福。」「太過於討好女性、充分滿足女性的需求是很危險的。為了點燃女性的熱情，就要假裝漠不關心。女性很快就會習慣激烈的愛撫，最後變得厭煩。最好讓女性永遠保有欲望。」

聖茹斯特跟泰蕾茲．托蘭最後分離時，他身邊已經有新的女伴。那是與他頗為親近的雅各賓黨黨內同志勒巴（Philippe Le Bas）的妹妹亨麗埃特，勒巴曾與他一同以全權委員的身分被派至萊茵戰線。聖茹斯特在萊茵戰線的傑出表現，讓人聯想到軍事人民委員托洛斯基（Lev Davidovich Trotsky）在俄國革命中的表現，不過這趟困難又危險的馬車之旅，他是跟勒巴的妻子與妹妹同行。當時亨麗埃特十七歲，與二十六歲的聖茹斯特訂有婚約。朝向前線而去的馬車當中，有兩對年輕男女。後來勒巴的妻子這麼回憶這趟旅途：

「聖茹斯特就像個慈愛的兄長一樣，在旅途中對我關懷備至。每次抵達旅舍，他都會跳下馬車，關心我的身體狀況如何。（註：當時她已有身孕）由於他的親切對待，我們都不覺得旅途漫長。為了不讓我們覺得無聊，兩位男士還為我們朗讀莫里哀（Molière）和拉伯雷（François Rabelais）的作品，並演唱義大利民謠。」

聖茹斯特後來為何沒有跟亨麗埃特結婚，其原因不明。她雖然年輕，卻極為關心政治，有一說是她很仰慕羅伯斯比爾，然而聖茹斯特跟羅伯斯比爾意見相左，因此兩人的感情也就淡了。還有一說是討厭奢侈的聖茹斯特看到她「染上抽菸的惡習」非常生氣。

晚年（其實也不過是二十七歲）的聖茹斯特跟羅伯斯比爾的隔閡越來越深，而且他本身被恐怖政治的現實所背叛、深陷於絕望之中的樣子也帶有悲劇性。用斷頭臺來支配美德終究是不可能的事。「革命已被凍結，所有原則都已經被削弱，接著就只剩下讓密謀者戴上紅帽而已。就像烈酒會造成味覺麻痺一樣，恐怖政治的執行會讓犯罪的感覺麻痺。」

對一個純粹從原則出發的人來說，沒有什麼比眼睜睜地看著原則挫敗更加難受。像這樣的情況，除了自行接納並且為了原則而死之外，沒有其他辦法可以拯救原則、拯救自己的信念。就算原理在現實中挫敗，歷史的判斷也會拯救原則並拯救自己。「羅馬人爾後的世界是空虛的，唯有他們的回憶填滿了世界」，寫出這段話的聖茹斯特或許也想成為羅馬人的一分子，他或許考慮過要殉道留名。聖茹斯特似乎從很久以前就預料到自己的死。他對國民、對黨派絕望，也對權力感到絕望，想死的念頭一直隱藏在他晚年所寫的論文裡。如今他所期盼的，就只有死亡而已。

「墓地呀，我渴求你，就像渴求上帝的恩賜一樣。對祖國、對人類犯下罪行卻沒有受到處罰，這樣的事我已經看不下去了。要是我得用共犯或者無能為力的犯罪目擊者身分苟延殘喘，那麼捨棄這個世界也沒什麼大不了。」

熱月九日，聖茹斯特在他最後的演說中，一開始就說了那句名言：「我不屬於任何黨派。我打算推翻所有的黨派。」這句話可被解讀為他坦承自己深愛原則，因而決定要推翻所有的現實並以身殉道。當聖茹斯特的演說被塔利安（Jean-Lambert Tallien）打斷而無法繼續講下去時，他只是靠在講臺上、雙手抱胸，一言不發地看著議會中的混亂場面。不屬於任何黨派的他，既不想加入羅伯斯比爾的陣營，也不願加入瓦倫（Jacques Nicolas Billaud-Varenne）那一方。他雖想擔任裁判的角色，卻不允許自己成為某個黨派的辯護者或共犯。從他在國民議會被宣告死刑的那一刻開始，到他在斷頭臺的刀刃之下伸出脖子為止，他那神祕又深沉的沉默大約有著以上的涵義吧！根據卡繆的說法，他是因為對原則「不可能的愛」而在沉默中死去。

聖茹斯特死後，有名女性前往他在蓋永街上的住處合眾國旅舍，拿回放在他房內、以粉彩筆繪製而成的肖像畫。那是與他一同死去的好友勒巴的妻子。為了追憶亡夫，她無論如何都想拿到這幅畫。這幅肖像畫目前存放於卡納瓦雷博物館。描繪這幅畫的作者是一名女性，也跟聖茹斯特住在同一間旅館內。

在現代法國的先驅詩人當中，有著各種不同的思想傾向，崇拜聖茹斯特的人相當多。其中又以戰後的超現實主義者、安德烈・布勒東（André Breton）亡故後延續其浪漫主義與愛好神話的精神的朱利安・格拉克（Julien Gracq）稱得上是聖茹斯特最狂熱的讚頌者。我想全文引用他那優美的散文詩，為本文作結。

恐怖時期的年輕政治家，例如聖茹斯特、雅克・魯（Jacques Roux）以及羅伯斯比爾之弟（Augustin Bon Joseph de Robespierre）等人靜靜地躲在尚未開封卻已布滿灰塵的書頁中，無論如何，我們都不能不認同他們那有如天使般俊美的容顏。——掛著優雅的花圈的斷首，有如埃及的香油般流芳百世。而在那之間，「清廉之士」的別名為了我們而還諸彼身，那樣地美。像是經過斷頭臺淬鍊後的施洗者約翰（John the Baptist）其頸項般潔白。那蕾絲上的皺摺，那白手套與黃短褲，那穗狀花的花束，那頌歌。在革命那最後的豪奢晚餐之前，那不拘形式的午餐。那有如成熟麥穗般金黃的頭髮。對死亡的想像總是如影隨形，那帶有圓滑曲線的唇。像是沒有鮮血從斷頭臺的刀刃滴下般，五月的歐洲七葉樹的嫩葉泛著綠光，尚—雅克在微暗的樹蔭下甜蜜呢喃。手捧著一束蔓長春花、有如夢遊症患者般，時尚潮男的牧歌式輓歌。在飛揚的裙擺中如同花朵般枯萎的，那貴族處女的昏厥。——雖知終將身首異處、被掛在矛尖上，這些美杜莎的首級、富有磁力的容顏，肯定充滿了夜晚所有具備的吸引力之美。——那超越常人的純潔與苦行。讓所有女人臉色為之蒼白的，那被剪下的花朵的野性美。——這正像是在六月的某個夜晚，有如在荒野中熊熊燃燒的樹林般，有如在人聲鼎沸的街道上的閃電般，不可思議地在黑影迅速閃過時，為了我而在各處落下與火焰一同燃燒的話語。這正是命中註定要成為斷頭臺的犧牲者，在混雜著恐怖的恍惚當中，呈現令我難以忘懷的容顏。

書目註記

1. Saint-Just et la force des choses, Albert Ollivier, 1967.
2. Une saison en enfer, Jean Nicolas Arthur Rimbaud, 1873.
3. L'esprit de la revolution et de la constitution de la France, Saint-Just. 1791.
4. Histoire de Juliette ou les Prospérités du vice, Marquis de Sade, 1797.

頹廢派少年皇帝

三世紀羅馬

圖8　赫利奧加巴盧斯（卡比托利歐博物館）

重口味的食物與滿滿一桌全是肉的宴席令人作嘔，也讓人同時湧現抗拒與懼怕這兩個念頭，這就跟我們目睹自我放縱的場面時的反應一樣。沙特在《聖惹內：戲子與聖徒》一書中稱為「消費社會」的時代，是我們所要探討的頹廢（décadence）的深層意義，雖是一般文學史學者與詮釋學派的偏見，不過一般認為，這個頹廢又可分成偉大的頹廢與渺小的頹廢。特里馬喬（Trimalchio）在宴會餐桌上擺放銀製骸骨這樣的品味（佩特羅尼烏斯的作品《愛情神話》[1]），是遭遇生死交錯瞬間的悖論後，時代所選出最優秀、無論是好是壞、被危機意識所控制、健康且充滿力量的偉大頹廢。對他們來說，消費的極致是不享受財富卻加以破壞，不可思議的是這樣的行為導致他們的社會滅亡。然而將已消逝的拜占庭之夢託付於古斯塔夫．牟侯的《伊底帕斯與斯芬克斯》，當中十九世紀末審美家那恬靜而淡漠的愛好，則顯然屬於渺小的頹廢，遠非我們所關注的重點。

無論何時何地，原本共同的中心點都會將這兩個大小不同的頹廢像同心圓般結合在一起。我們絕非不能從諸多例子中得知福樓拜與哥提耶在提到羅馬時的語氣有多麼仰慕，而文化、文政時代（西元一八〇四～一八三〇年）的文學家又有多麼懷念王朝時代。儘管如此，渺小的頹廢是只有少數喜歡回憶過往的人，或某些藝術愛好者喜歡去的沉悶且滿是灰塵的畫廊，只有追憶已逝時代的畫作可以留存在歷史中。相反地，偉大的頹廢則會給人一種總是處於奇怪又混亂的精神狀態，準備重生的藝術性或者對宗教性探求，如此令人難以忘懷的強烈印象吧！人性就在這耀眼的光線照射之下如同樹木般成長，再度恢復活力。

然而，我們現今所處的時代遠遠比不上這個偉大的「消費社會。」我們的生產社會就連要生產出一樣有用的物品都希望渺茫，而在這個曖昧的過渡期，人們就像只是為了知道帶有瘋狂元素與科學精神的實驗，是否會導致世界滅亡般地活著。換句話說，**就連**否認世界會滅亡這種置身事外的想法，如今就像「鍶」的微粒子般遍及南北半球。這樣不事生產的生產社會以被摒除在外的勞動價值至上，而非消費價值。哪怕是保守主義者也好，無論保守主義者或進步主義者都對勞動的價值深信不疑，這真是不可思議的一件事。根據沙特的說法，「瀕臨凋落的壓迫階級將古老神話與新的神話混為一談，並認同將所有權的基礎置於勞動之上。」然而哲學家卡爾．馬克思（Karl Marx）從未稱頌過勞動的價值。那是因為只要不是住在「自由的國度」，勞動的確就是所有權的基礎。（您是否了解這個二律背反的命題呢？）

我們身處的世界頹廢不振不同於雅典、羅馬，也不同於拜占庭。而且更是沒辦法跟赫利奧加巴盧斯（Heliogabalus）統治之下所施放的巨大空虛煙火相比。未曾有過的奢豪、炫富、金碧輝煌的頹廢、令人難以置信的敗德辱行，並且在遭受一神教嚴格禁止偶像崇拜的打擊時，正是這位十八歲即英年早逝的年輕皇帝君臨天下之際。

當時滿足於自身狀況的俗人，在如同犬隻般怠惰且順從的生活中，無不汲汲營營於獲得同樣庸庸碌碌之人的讚賞。人要澈底相信自己是天才，才會明白無時無刻不在勞心費神這件事本身的徒勞無功。與現今沒有什麼不同，假借哲學之名的常識喧騰一時，衛生無害的辯證法蓬勃發展，至於低俗的色情文學則受到鼓掌歡迎。下流、病態及生理性的事物——也就是將人類降低到動物水準的東西，全都被引進且受到喜愛。然而，相較於我們所處的時代，不像樣的破壞與白癡化的系統，這樣的汙辱、淫猥與紊亂當中有著不同等級的重要性。競技場上的殺戮與獻祭儀式中的血腥場面，輕易凌駕於近代生活所營造出的某種人造、絕望性的一切快樂之上。

如今人們有著除了科學之外什麼也不存在的迷思，許多人似乎是基於科學進步可能造成地球滅亡這樣的理由，而認為改變世界觀或「存而不論」(epokhē) 才會問心無愧。然而在赫利奧加巴盧斯的時代，一切則是**更加**澈底的偽善。事實上當時也有著同樣的不安。不過，當時的人們尋求的是神聖而獨一無二的東西。第三世紀初期，資金外流使得社會基礎逐漸瓦解，詭辯哲學當道，各種宗教彼此競爭，而在登基後就被篡弒的少年皇帝，他的短暫出現被視為命運在歷史上劃下的短暫休止符。這跟後來被稱為「背教者」的皇帝尤利安 (Flavius Claudius Julianus) 在西元三六三年完全由基督教掌控的歷史潮流中，徒勞無功又中斷的嘗試頗為相似。然而在尤利安的時代，要接納包含唯美主義與懷疑主義在內的希臘風格教義未免為時已晚。赫利奧加巴盧斯的時代則是比尤利安早了一個多世紀。要是他的作法並不欠缺謹慎，是否能成功地將崇拜太陽神的信仰推廣到整個古代世界呢？基督教與東方的宗教，對於伊西斯 (Isis) 與密特拉斯 (Mithras) 諸神，他是否能贏得全面勝利呢？——讓人免不了要去想像赫利奧加巴盧斯，僅僅統治不到四年的期間，由於短暫而充滿熾熱的光輝以及被壓縮的力量。因為年輕，因為對巫術的莫名熱衷以及喜愛神祕事物的敏感特質，使得他的野心受挫，而這種種事項，最終足以讓他匆匆結束的一生變得完美無缺吧！

被參雜了神祕法喜與性倒錯的奇特興奮感所驅使，十八歲的皇帝讓兩百年來早已對罪惡與淫蕩感到厭倦的古典世界震驚不已。這位據說崇拜尼祿（Nero Claudius Caesar Augustus Germanicus）、倣效尼祿惡行的悖德少年，他那有如惡夢般的惡行令全羅馬人茫然若失。總而言之，他的殘酷程度比他的模仿對象尼祿更勝一籌。因為他那過於激烈的宗教情感，成為了所有罪惡的藉口與正當性的辯解。他顛倒錯亂的惡行，就跟不怕受罰的孩子所表現出的行為一樣，他自己也知道，因此才會急著享受如同燃燒自我的火焰般輝煌卻短暫的一生。

他是天才嗎？這麼說的確沒有錯。他決心在荒唐縱慾式的巴力（baʿal）崇拜中確立當時人們在潛意識中期盼的神聖統一。然而實際上他並無餘力與閒暇來做這件事。他太過於尊崇自己所信仰的神祇男性原則，因而認為自己是個被動而柔弱的女子。他的遠大夢想就這樣在體格健壯的馬夫與異國戰士等為數眾多的情人懷抱中煙消雲散。而他所崇拜的唯一對象——圓錐狀的「黑石」，也隨著他失勢而再度流落異鄉。

結合了海倫（Helena）的美與阿多尼斯（Adōnis）的優雅，他似乎想讓自己成為雌雄同體。然而他什麼都做不好。他並未在鋪上豹皮的馬賽克鋪石路面上安詳逝世，而是在茅廁裡悲慘死去。

赫利奧加巴盧斯皇帝死後，世界變得如何呢？這個被男神迷得神魂顛倒的怠惰皇帝之死，或許是為了古代母權制度的最後發展所做的犧牲。儘管如此，為了解救世界危機，如同強韌的百合花般勝出的基督教，從當時已腐敗的異教泥沼下方一步步地鞏固其地位。

我們快速回顧一下歷史。

大約在一個世紀期間，也就是在所謂的安敦尼王朝（Nerva–Antonine dynasty）的賢明統治之下，羅馬帝國有過一段平穩安樂的時光，然而康茂德（Commodus）的殘暴瘋狂威脅到這份平靜是在西元一九〇年左右。圖拉真（Trajanus）、哈德良（Hadrianus）、安敦寧・畢尤（Antoninus Pius）以及馬庫斯・奧理略（Marcus Aurelius）等歷代帝王輩出的安敦尼家族烜赫一時卻也走向衰敗，其後經歷兩代帝王的統治，隨著塞提米烏斯・塞維魯斯（Septimius Severus）加冕，羅馬建立了軍事獨裁制，而這也是第三世紀的特徵。從不同的角度看來，赫利奧加巴盧斯有勇無謀的作法，也可以說是對這個軍事獨裁制的反抗。在他死後，軍方果然僅只擁立順從的皇帝，三世紀中葉之後，由親衛隊與少數親信掌控的帝國陷入嚴重的無政府狀態。

塞維魯斯家族在統治上的一大特色，是來自於敘利亞、被稱為女皇的貴族婦人干政。塞維魯斯的妻子尤利亞・多姆娜（Julia Domna）在丈夫死後成為蠢兒子卡拉卡拉（Caracalla）的監護人，多姆娜的妹妹尤利亞・瑪伊莎（Julia Maesa）跟她的女兒索艾米亞斯（Julia Soaemias Bassiana）利用計謀讓赫利奧加巴盧斯登上帝位。然而這名對宗教非常狂熱的少年不願與人分享權力，我們可以看到他的命運，當他開始試圖擺脫母親和阿姨的掌控時，很快就被她們的最後一人——尤利亞．馬邁亞（Julia Avita Mamaea）無情地解決掉了。

從一方面看來，應該為羅馬帝國的瘋狂與衰微負起責任的是這些敘利亞貴族婦人。塞維魯斯的遺孀尤利亞．多姆娜是埃梅薩的巴力神大祭司——尤利烏斯．巴西亞努斯（Julius Bassianus）之女。她們從具備數千年文明的東方敘利亞嫁到羅馬帝國成為外戚，在帝國的信仰與風俗方面扮演了某種決定性的角色。只是那是黑暗而不祥的角色。東方荒唐縱慾式的迷信與巫術信仰，就像隨興翱翔的鴿子般跟著她們陸陸續續入侵宮廷。巴力、阿斯塔蒂（Astarte）、阿多尼斯（Adonis）、西芭莉（Cybele）……關於這些異教的偶像以及其祭拜儀式，請參考弗雷澤的著作《金枝：巫術與宗教之研究》[2]。

赫利奧加巴盧斯（Heliogabalus）這個名字是由後來發展出的拼字法（orthography）所形成，其正確讀音應該是埃拉加巴盧斯（Elagabalus）。這個名字所代表的意義，是他一心盼望能與之合而為一的埃梅薩太陽神巴力的稱呼。就像卡利古拉（Caligula）或卡拉卡拉等名字來自於當事人的服裝特徵一樣，這個名字同樣也是個綽號或通稱。而他的本名其實是瓦瑞烏斯．阿維圖斯．巴西安努斯（Varius Avitus Bassianus）。

埃梅薩（如今的荷姆斯）城所在位置為一片豐饒的平原，自古以來由於鄰接埃及、大馬士革、巴勒斯坦等地，在文化、宗教上皆有其獨特的立場。西元前一三〇〇年左右，拉美西斯二世（Ramesses II）在跟西臺的戰爭中取得勝利的地點也離這裡不遠。從那個時候開始，各國的財富就因為埃梅薩城的守護神「黑石」——也就是巴力神的陽具雕像——而聚集於此地。巴力神廟蓋在面對黎巴嫩山脈的丘陵上，俯瞰著知名的奧龍特斯河。帶有玫瑰香氣的涼風，曾經吹拂過就連提貝里烏斯皇帝也禁止不了，神聖獻祭饗宴的血腥熱氣。從敘利亞傳來的宇宙開創論（cosmogony）也獨具一格。那是男性原則與女性原則密切相關，且令人難以想像有如辯證法般的一元論。太陽既是夜星之父，同時也是群星之子。被視為生命之源的陽光，以及沐浴著月光、可使土地變得肥沃的夜露是他們所崇拜的兩個對象。讓人意想不到的是，可為人們帶來富足的創造之神、生育之神，同時也是殘酷而嗜血的邪神。世界由好戰的男神巴力與逸樂女神阿斯塔蒂這兩大引力所主宰，然而有時候殘酷的破壞性原則會勝過愛好和平的女性原理。

獨一無二的太陽神巴力，在埃梅薩也是命運之神，雷擊與老鷹皆為其象徵。自從塞琉古帝國將希臘神話中的宙斯（Zeus）與巴力混為一談之後，就有了這樣的混淆。不過，埃梅薩當地還把從天而降的神聖隕石——圓錐狀的黑色石頭視為神體加以崇拜。迦太基當地也曾崇拜過鑲嵌寶石的象牙製陽具雕像，但巴力的黑石是底部為圓形、上方尖尖的**洋蔥狀**石頭。

在巴比倫尼亞的影響之下，埃梅薩的神職人員篤信占星術與夢境解析。而塞維魯斯家族的繁榮昌盛是透過占星術得知的預言。年紀輕輕的巴西安努斯（後來的赫利奧加巴盧斯）以十四歲之齡就繼承母親那一邊曾祖父的職位，有幸穿上金光閃閃的大祭司服並不奇怪。對他那野心勃勃的祖母——尤利亞・瑪伊莎來說，光榮的神職人員是通往至高無上的帝王權勢之最短距離。

巴力教教義的一大祕密是對人血有著難以滿足的渴望，這跟閃族人（Semites）的宗教衍生出摩洛克神*這種可怕獻祭儀式有同樣的傾向。少年時期的赫利奧加巴盧斯一定也曾在某個神廟內部的聖殿中參與過以石榴木串烤人肉的獻祭儀式；恐怕也曾在某個地下墓穴中觀看過太陽神如此喜愛的磔刑或鞭刑吧！透過儀式淨化後的人血和動物血漿，會讓幽冥之神厄瑞玻斯（Erebos）無比喜悅。在戴奧尼修斯（Dionȳsos）的祭典中，人們相信石榴木會從犧牲品的鮮血中長出。而石榴在巴力教當中是陽具的象徵。根據敘利亞的護教者尤西比烏斯（Eusebius）的說法，在這些異端的祭拜儀式中，人們會將犧牲品身上的肉活生生地一片一片割下。戴奧尼修斯被稱為食肉者（Omadios）——亦即撕裂生肉者，也是在巴力的祭典中最合適的稱呼。未來的皇帝巴西安努斯，就在這種令人作嘔的血液與生殖液的霧氣病態氛圍中，度過他的幼年時期。對於聖殿中瀰漫著的煙霧，以及其刺激性的強烈臭味，年紀輕輕的他比誰都沉醉其中。

渴望著逸樂與理想，他大概是在眾神喜愛的黎巴嫩雪松芳香中，度過意氣風發的少年時代吧！臉上塗著胭脂，繫著金絲刺繡腰帶，身上穿著緋紅色的大祭司長袍，這名少年祭司隨著銅鈸的撞擊聲，高高興興地跳著下流的阿提斯（Attis）去勢之舞。當他一開始跳舞，他的頸部、他的手腳，所有部位都充滿了韻律感。隨著搖晃熠熠生輝的寶石讓人目眩神迷，而他似乎也展現了

自己的邪惡之美與倒錯之美。根據赫羅狄安的《羅馬史》[3]一書的內容，

「……就連鞋子也都是金色與緋紅色，從腳踝到腰部完整包覆。頭上的王冠鑲嵌著各色寶石，璀璨動人。他青春正盛，在同年齡的人當中外表最為出色。身體健全，韶顏稚齒，華冠麗服，所有的一切都集中在他身上。這樣的俊美讓人不免要拿來跟巴克斯（Bacchus）比較一番。」

不同於讓婢女在契約之櫃（Ark of the Covenant）前赤身露體獻舞的大衛王（David），年紀輕輕的他雖然絕不會赤裸著身體，然而在寶石散射出的光芒當中，他那均勻美好的體態全都散發出強烈的誘惑力。敘利亞的叛軍因此受到媚惑也不是沒有道理。「他所穿的衣服是腓尼基的祭司服與米底亞的豪華服飾這兩者的折衷」，赫羅狄安這麼寫著，「希臘與羅馬的服飾是羊毛製品，摸起來比較硬，所以他不喜歡。他只喜歡敘利亞的紡織品」。

從敘利亞到羅馬的隊伍，大約是在西元二一九年的夏季之末抵達首都。新皇帝在此舉行了令人永生難忘的入城儀式。在西斯特爾叉鈴（sistrum）與長笛的演奏之下，穿著金色刺繡衣裳的皇帝深情地望著放在車裡的神聖黑石，臉部朝向後方緩緩前行。座車由一群裸女與豹所拉曳，皇帝手上拉著韁繩，隨著車上的黑石前進，他手腕上的沉重手鐲不斷發出粗野的撞擊聲。他們沿路在

＊ 古代腓尼基人所信奉的火神，以兒童為獻祭品。

路面上撒金泥，戴著三角形弗里吉亞無邊軟帽的西芭莉祭司與宦官圍繞於座車周圍。一行人就這樣緩緩抵達帕拉蒂諾山。

看到卡比托利歐博物館收藏的赫利奧加巴盧斯的半身像，首先會讓人感到訝異，他的容貌姿態有著難以言喻的柔弱感。性感而微張的嘴唇與寬大的鼻翼，在在都顯示了他放縱、倦怠與懶惰的特徵。狹窄的額頭與厄洛斯（Eros）的頭部相似，被有如弦樂器的弦一般濃密的捲髮所包圍。表情鬱悶，甚至有些悲傷。那陰鬱的眼神總是向內看，是神祕主義者的眼神。甚至連看著照片，都會讓人覺得這座大理石雕像裡流著東洋的逸樂之血。相較於希臘、羅馬的青年，他更像是巴比倫尼亞的雌雄同體者。說到長相是否俊美當然無庸置疑，不過也很難否認其中有著不同於一般美學概念的異常成分與特殊成分。

然而赫利奧加巴盧斯正是因為這樣女性化的體質，才會具備那般奇特的魅力。半透明的皮膚下可見到如同葉脈般遍布全身的蒼白血管，藏不住滿溢的情欲。在這裡想起尤維納利斯(Decimus Junius Juvenalis) 的詩句或許有些出人意表……

> Rara est adeo concordia formae Atque pudicitiae
>
> 美貌與貞潔少有一致

他從小就過著放縱的生活，再加上閃族人攝取過多脂肪的特殊飲食方式，才會造成這樣的體質變化吧！如今我們也無法追蹤他的體質在病理學上的變化，不過這個脂肪過多的症狀，顯然是緩慢的女性化進程前兆。而這個女性化，要說是造成他本身毀滅甚至是羅馬帝國滅亡的根本原因也並非言過其實吧！因為羅馬文明的女性化，可以說是長期導致父權家長制社會疲弊的最大原因。

他的女性化不僅是在體質上，也成為他人格的主要特質。我們不能不認同這個人的本質中，被動性格的累積，甚至連其肉體都受到了影響。他用他那神聖化的肉體從事非自然法性行為（Sodomy），而且他肯定認為這是很自然的行為，沒有絲毫懷疑。人們會拿他跟亞述最後一個國王薩達那培拉斯（Sardanapalus）做比較也不是沒有原因的。「在淫蕩與怠惰方面，薩達那培拉斯凌駕於所有前人之上」，西西里的狄奧多羅斯（Diodorus Siculus）這麼寫：

「不只是避人耳目而已，他還過著完全就是個女人的生活。他雖在妻妾的陪伴之下消磨時間，不過他也會穿上女人的衣裳，在臉上塗抹白粉，並且全身都塗上妓女所用的化妝品。他極力讓自己的聲音聽起來像女性，而且除了滿足口腹之欲之外，他還寡廉鮮恥地享受身為男女兩性的兩種樂趣。」

赫利奧加巴盧斯一定也跟這個古代帝王一樣，相信否定了性別絕對兩性的赫馬佛洛狄忒斯（Hermaphroditos）的肉體，才能享受最大的樂趣。在性事上像個奴隸般順從，就跟受虐狂以痛苦為樂一樣，讓他沉迷不已。在別人身上找到自己所欠缺的男子氣概是他最大的期盼。篤信男性原則的他讚揚「Onon」（擁有雄偉陽具者），甚至還派密使去找尋這樣的人物。雖然在赫利奧加巴盧斯身上並未見到浪漫主義式的天使崇拜，也沒有靈性觀照，不過顯然可以看到尚・惹內所說，對於愛可觸知、實際且神祕的追求，如同以下所述。

「我們家的人、我們家的規定跟你們家不一樣。我們在沒有愛的情況下相愛。而那並未具備聖事的特質。」

貧民窟或者港邊的私娼寮也是皇帝喜愛流連的場所。他戴上曾因梅薩利娜（Valeria Messalina）與普羅蒂娜（Pompeia Plotina，圖拉真大帝之妻）而風行一時的人工假髮喬裝打扮，他在這裡自行扮演起人口販子的角色。他做出什麼樣的醜行呢？根據維克多（Sextus Aurelius Victor）的說法，「阿維圖斯既是女人，也是男人。他用極為淫猥的方式同時享有來自雙方的愛。」雖說如此，但他並不像凱撒（Gaius Julius Caesar）是所有女人的丈夫、所有男人的妻子。他喜愛扮演被動的角色。拔除鬍鬚、遮蓋黑眼圈並且在臉頰塗抹白粉，用上各種不自然的方法。他不拿權杖，而是拿著紡錘，將羊毛紡紗當成自己每天的工作。就像薩德侯爵讓家中僕人用「花」（La Fleur）來稱呼自己一樣，他也了解倒錯者被稱為「皇后」或「夫人」時的喜悅。

梅薩利娜讓帝王的寢室像私娼寮般散發出一股野獸的臭味，赫利奧加巴盧斯則是在皇宮內設置了一間特別房，他在那裡赤裸著身體，像是經驗老到的娼婦般要求別人為他的魅力支付代價，然後拿別人支付的金額向一同放浪形骸的伙伴炫耀。這麼想成為女性的傾向，就算只是短暫的一瞬間，也都是來自於熱切渴望被愛的這種欲望。這種透過變裝癖展現出的愛的被動性傾向，我們可以在十八世紀的奇人異士法蘭索瓦·蒂茉龍·德·史瓦西（François-Timoléon de Choisy）的誠實告白中再次確認。

「我研究過這種奇怪的樂趣從何而來，以下是我的結論。神的特性就是受人喜愛、受人崇拜，只要柔弱能帶來這樣的效果，我們也會熱切盼望同樣的事。話說回來，愛來自於美，而美一般是女性所有，因此要是一個男人相信自己具備某種美的特質，他當然會想藉由穿著女人的衣服來讓自己更美。」

——《回憶錄》4

順帶一提，這位作者雖是男性卻一輩子都穿女裝。

然而赫利奧加巴盧斯的欲望遠遠超越這個變裝癖的階段。他在十九世紀德國抒情散文家提出受虐狂的概念之前，就把愛當中的女性化、被動化的欲望向前推進，並且達到這個概念的程度。他的宗教式性本能驅使他研究起一個時代以前因為尼祿而蔚為風潮的去勢。大家都知道，在中世紀義大利，去勢是為了保持青春美貌這個實際目的而存在的作法。風雅大師佩特羅尼烏斯吟詠：

為使轉瞬即逝的春季之花得以保鮮
方才成年不久的少年
從側腹部下刀取出生命種子

——《愛情神話》

赫利奧加巴盧斯本身並不喜歡像西芭莉的信徒一樣自行去除男性器官（不過這是卡西烏斯·狄奧〔Lucius Cassius Dio Cocceianus〕的看法，維克多與蘭普里迪烏斯〔Aelius Lampridius〕則是肯定地說，他將男性器官獻給了大地之母）。然而他找來亞歷山卓（Alexandria）的醫生，透過某種手術在下腹部做出會陰部則是幾乎可以確定的事。當時亞歷山卓的醫術在這方面的發展程度超乎想像，頹廢創造出怪物般的文明。我們不也是從近期的資料才知道，印加文明的頭骨穿孔手術其技術之高令人驚訝嗎？而且對我們這些知道他有多麼熱衷陽具崇拜的人來說，這樣的假設應該不讓人意外。畢竟赫利奧加巴盧斯是巴力神的祭司。他在去勢這項行為當中找到追隨全能男性原理的方式，而他自己想成為女性，並且把他的被動性向前推進到受虐狂的程度，無非是因為想透過更澈底的作法來取悅這個男性神。

一般來說，去勢（或者作為其象徵性替代的割禮）被認為跟受虐狂的概念對立。不過，受虐狂想要傷害自己的這種欲望，可以解釋為為了消除持續存在的不安。克拉夫特·艾賓（Richard Freiherr von Krafft-Ebing）將「女性因素在病理學上的增加」、「某種女性特徵的病態強化」視為受虐狂的定義。這種奇特的受虐慾，驅使他去研究可將伴隨著性興奮的後天反射動作進一步升級的體罰方式。薩德說得好，敏感的心靈是享樂的第一原理。他身邊一直有名為「丈夫」的男性，但是他故意讓丈夫「抓姦在床」，然後高高興興地接受丈夫的嚴厲處罰。他所寵愛的奴隸希洛克勒斯（Hierocles）那雙粗獷的手，以及他那一頭少見的美麗金髮，都同樣地讓皇帝迷戀不已。越是遭受辱罵與毆打，他就越愛這名奴隸。這是狄奧所提供的證詞，看到這裡，我們不免要想起惹內對背叛的偏愛這一類跟受虐狂極為相似的情感。

就像這樣，不光是性滿足，他知道也要把結合了受虐狂的心理知性樂趣給納進來。而那似乎驅使他更進一步地去研究死於尋歡作樂以及自殺美學。從死亡迷戀（Thanatophilia）這一點看來，赫利奧加巴盧斯皇帝與西班牙的哈布斯堡家族（Haus Habsburg）頗為相似。就像於斯曼在《逆流》一書中所描述的，主角的家族因為近親通婚而造成血液混濁與想像力衰微，使得受虐狂與虐待狂這兩種不同的傾向得以自由轉換。他毫無理由就殺害等同於自己養父的宦官甘尼斯，也是因為這種病理學上的神經過敏症狀發作之故。從可翻轉的天花板落下的無數鮮花，掉落在賓客頭上，最後讓他們深埋在香氣中窒息身亡，這又是何等絢爛又病態的殘忍。

「如今從敞開的天花板落下一朵又一朵的玫瑰。春天啊，氾濫成災的春天，唉，不幸的春天啊！那美得讓人無法直視的花園就此墜落。」

——摘錄自德奧達・德・塞弗拉克（Déodat de Séverac）的《戲曲集》

他坐在圓形劇場最高的位子上用餐，同時觀看犯人被處刑的場景。另外在某間寺院裡飼養了獅子、狒狒以及蛇類等動物，從犯人身上切除的陽具會被丟給這些動物吃。關於他那病態的殘忍，蘭普里迪烏斯在《奧古斯都史》[5]一書中有著以下描述。

「埃拉加巴盧斯在挑選孩童作為祭品時，會選擇父母雙全、出身高貴、長像俊美且惹人憐愛的孩子。這是為了盡可能地讓更多人為孩子的死感到心痛的緣故。皇帝在多名巫師的圍繞之下，勉勵他們好好主持獻祭儀式。要是在他們當中找到同道中人，皇帝就會敬謝神明。他要的是孩童的內臟，並且按照故鄉的作法，將手伸進犧牲品的腹部中翻弄。」（檢視犧牲品的內臟是一種判斷吉凶的傳統方式。）

所有這一切，皇帝都理所當然地做了，沒有絲毫猶豫。無論是敗德辱行也好，罪惡也好，在他身上就是一種神聖的特性，所以他當然可以索取血淋淋的祭品。既然自己是化為肉身的神，皇帝要不是在自我顯現，就是在民眾的無限崇拜之前顯現自己的肉身，除此之外別無他法。即使如此，令人訝異的是，在這個被情欲與信仰所操控的人心中，並未見到任何放棄生命的跡象。無精打采的北歐王者拒絕承認活著的喜悅與他無緣，如同地中海藍天般的殘酷晴朗，有時甚至還帶有骯髒下流、嘲諷譏笑與爽朗快活的精神，反而比較像是他與生俱來的精神。他很容易聽取別人的意見，幾乎是本能地相信他人。若是借用詩人安托南・阿爾托（Antonin Artaud）的話來說，這個似乎單純卻又複雜的靈魂，是一個誠實無偽的寬容，與痙攣性的殘忍保持著微妙平衡的靈魂。

赫利奧加巴盧斯身上有著缺乏道德感與自我約束的概念等異常者會有的特徵。他的同性戀傾向因為他對異常與恐怖的喜愛、永不滿足的求知欲，以及脫離常軌的衝動等因素而更加明顯。倒錯者的誇大妄想跟天才往往只有一線之隔，而這驅使他去探索宗教與情欲這個前所未有的領域。他跟十八世紀的薩德一樣憎恨中庸，也應該可以跟中世紀的吉爾．德．雷一起大喊「地球上沒有任何人膽敢做出這樣的事！。」要是革命（或者該說是反革命）沒讓他的人生畫上休止符，他肯定會因為這種種失控的行為而在還沒到壯年的時候就早衰。肯定會在自己幾乎沒有察覺的情況下演變成神經衰弱，最後因為早發性失智而成為廢人。這樣的死或許拯救了他，使他得以避免更加悲慘地活著。

赫利奧加巴盧斯試圖將他的神置於眾神之上，這使得他的嘗試真正具備了獨創性。因此他用神的名字來稱呼自己，與神成為一體。就這一點而言，他的嘗試跟後來奧勒良皇帝（Lucius Domitius Aurelianus）的太陽崇拜明顯不同，反而跟古埃及國王阿蒙霍特普四世（Amenhotep IV）為了推行唯一真神阿頓神（Aten）的信仰而採用破壞性的強硬手段頗為類似。阿蒙霍特普的名字也跟埃拉加巴盧斯一樣，意味著人格化的神「太陽的光輝。」不過赫利奧加巴盧斯身為閃族人，不僅凌駕於古代世界的所有神祇之上，還讓自己的神位居高位，不能不說是史無前例。除了埃梅薩的巴力神之外，敘利亞還有許多更有神威、更有名氣的巴力神各霸一方。提若斯、西頓、塞琉西亞，以及大馬士革等地的巴力神也都享有盛名。然而對赫利奧加巴盧斯來說，全世界都非得服從生命的唯一原則——也就是太陽神——不可。全世界都得崇拜他的神才行，不能只侷限在某個人種的世界中。他希望他的神是許多巴力神當中的耶和華，遠勝過其他神。

羅馬人對於引進新神的態度較為寬容，也就是能在信仰萬物有靈的多神教體系中共存。如果要說赫利奧加巴盧斯犯了什麼錯，那就是他居然以為所有的羅馬人都會用以往的寬容態度來接納這個新來乍到、民眾對祂毫無所知的外國神，這個只想奪走其他眾神地位的唯一真神（想法也太天真了！）。

儘管如此，等候強而有力的單一宗教出現的趨勢已經發展成熟。神祇數量與神話寓言的增加對民眾並無助益，只是造成民眾混淆，並且屢次動搖道德根基。民眾隱隱約約感覺到，他們需要的不是伊西斯神祕儀式，不是西芭莉的淫亂猥褻，也不是巫術、占星術或春藥等物品，而是某種嚴謹而單純的事物。斯多噶學派的哲學家認為，並無證據顯示眾神是唯一的造物主。因此，一神教的完全整合得以滿足方才萌芽的熱烈宗教情感。一神教就這樣成為社會大多數人都參與其中的支配性思想。

因此我們應該將其解讀為，除了基督教以外，其他宗教也極有可能發展出這樣的統一傾向。那有如微弱磷光般的一點亮光，在猶太這個偏鄉誕生的基督教，在因腐敗而滅亡的美麗異教世界有機體組織中快速擴張，最終憑藉其道德優越性將伊西斯與密特拉斯的祭祀活動驅逐出境這一段歷史，我們應該覺得惋惜。赫利奧加巴盧斯的一神教信仰的確正合時宜，符合時代潮流。只是他的作法太不高明，太過激進。伊西斯與維納斯（Venus）已被視為同一位神祇，然而就像阿胡拉·馬茲達（Ahura Mazdā）跟柏爾（Bel），（巴比倫尼亞當地對巴力神的稱呼）被混為一談一樣，這位巴力神也很有可能會被誤以為是密特拉斯。朱庇特（Jupiter）與巴力在赫利奧波利斯（Heliopolis）都同樣以老鷹作為象徵，因此令人混淆。總之在巴力的儀式裡缺乏基督教或伊西斯、密特拉斯等宗教中的明確規定，沒有任何基本道德規範。光是靠大祭司一個人的神聖法喜與官能性狂熱，並無法為世界帶來變革。

在這個有著傳統的國家裡，高官穿上腓尼基風格的長版束腰外衣參與這項神聖的宗教儀式，他們不得不聽著祭司用敘利亞語向宇宙之主高唱讚歌並且鼓掌歡呼。他們大概不太想這麼做吧！扛著巴克斯陽具雕像繞境出巡的羅馬民眾對這麼東方風格的祭祀儀式未必會覺得陌生。從小亞細亞傳來的普里阿普斯（Priāpos）崇拜融合了戴奧尼修斯的祭祀活動，遍及社會的各個階層。然而其神殿位於奎里納萊山的巴克斯神、利柏爾（Liber）神的新祭祀儀式卻因為極度放縱淫穢，很快就被廢止。如同蒂托·李維（Titus Livius）所言，由於其儀式祭祀太過淫亂，元老院不得不在西元前一八六年加以禁止。其後隨著風俗民情的演變，視羅馬帝國為一個統一國家的意識高漲，蘇埃托尼烏斯（Gaius Suetonius Tranquillus）所謂的「十二帝王」自行扮演了神的角色，更有民眾司空見慣的其他暴行。赫利奧加巴盧斯雖然沉迷於聲色犬馬，然而他對於自己應向神展現的忠誠卻是毫不怠慢。他為了廣受民眾歡迎究竟如何鋪張浪費，且來聽聽赫羅狄安的證詞。

「裝飾得美侖美奐的車廂由六頭金光閃閃的高大白馬所拉曳，皇帝親自拉著韁繩。車上沒有其他乘客，就像是神獨自駕著馬車一樣。皇帝面向著神明，手上握著韁繩，背向著車輛前方前進。……許多民眾揮舞著火把，將花瓣撒在路面上，沿著車輛兩側前進。最後抵達為了這個儀式而建造的高塔，皇帝登上高塔對著民眾拋擲金甕、銀甕、衣物與布料等物品。任何人撿到即歸其所有。」

我們很容易就能想像，民眾會如何歡迎這般奢侈的場面。然而對貴族階級來說可不是這樣。在他們看來，新皇帝的祭祀儀式對羅馬之名大不敬。不僅如此，新皇帝為了進一步讚揚這個粗野的淫蕩與饗宴之神，還把自古以來的諸神象徵都拿來當作裝飾。羅馬人最尊貴的維斯塔聖火、帕拉狄姆（palladium，帕拉斯女神〔Pallas〕的木製雕像）、聖盾、西芭莉神像以及其他受到市民尊崇的聖物就這樣被移到帕拉蒂諾山的神殿裡。皇帝甚至還想把猶太教、基督教的聖物也移到這裡來。如同雷米．德．古爾蒙（Remy de Gourmont）的定義，赫利奧加巴盧斯這個「偏向猶太教的敘利亞人」，「要說是雅利安人之類的異教徒嘛，其實更像是基督徒。他就像是對自然懷抱著敵意而頹廢，因太陽的炎熱而枯竭的東方移民一樣，他也是個相當奇特的一神論者。」

儘管如此，他那東方式的官能主義會妨礙世界發展出一套類似於一神教的理論。雖不否定眾神的存在，不過那禁止一切支配的不明確卡巴拉（Kabbalah）風格哲學，與其說是教義，倒不如說更像是美學的探求。欠缺邏輯與理性的埃拉加巴盧斯首先是個宗教狂，借用阿爾托的說法則是個「戴著皇冠的破壞主義者。」

他對自己的神太狂熱，只是因為妻子茱莉亞·科妮莉亞（Julia Cornelia）身上有痣，就判處她流放海外。他的妻子是法學家尤利烏斯·保盧斯（Julius Paulus）之女，結婚當時三十歲，她跟丈夫的年齡差距是不可否認的事實。另外，皇帝身為「pontifex maximus」，也就是法王，享有可進入男賓止步的處女神維斯塔（Vesta）神殿之特權。蘭普里迪烏斯那篇表露不悅的文章如此表示：

「生活淫亂的他，居然沒脫鞋就闖入當時只有處女或大祭司才被允許進入的維斯塔神殿，意圖竊取帕拉斯女神的木製雕像。他以為大祭司拿出來的盒子是真品，所以就把它拿走了，等到他發現盒子裡面空無一物，就把盒子摔到地上摔破了。」

赫羅狄安則說他拿走的是真正的帕拉斯雕像，無論如何我們都不難想像，這件醜聞讓羅馬貴族陷入什麼樣的恐怖與茫然不知所措當中。

皇帝從維斯塔聖殿強行擄走貞女祭司阿奎利亞·塞維拉（Aquilia Severa）時，醜聞越鬧越大。然而他犯下如此大罪，既非因為脫離常軌的肉慾，也不是單純的破壞衝動所造成，而是因為想要達成宗教統一。其證據來自於他自己對元老院所說的一席話，如下所示。而我們可以從卡西烏斯・狄奧的文字敘述中看到其內容。皇帝說了：「我之所以這麼做，是因為希望我這個大祭司能跟貞女祭司生下一個神聖的孩子。」人人避之唯恐不及的醜聞，對他來說卻是獨創一格、理應自豪的神聖儀式之一。

無論後代的歷史學家如何評斷，赫利奧加巴盧斯深受民眾擁戴似乎是事實。在歷代皇帝當中，沒人像他這麼貼近人民的生活。他允許平民參與帕拉蒂諾山的禮拜儀式，而且完全不管貴族階級的偏見與新興富裕階級的自豪。更適切的說法是，非洲出身的他似乎無法理解那樣的偏見。據說某天他在接受元老院的祝賀時高喊了以下這段話：「我從朱庇特那裡知道，民眾就跟各位一樣地敬愛我。但是親衛隊的各位成員卻對我如此冷淡，這讓我很不開心。」（狄奧）皇帝未能記取前任皇帝馬克里努斯（Marcus Opellius Macrinus）的教訓，沒有對軍隊採取懷柔政策，反而仿傚建國初期皇帝的作法，希望獲得民眾擁戴。而他唯一推動的建設事業——建造卡拉卡拉浴場並修復在二一七年燒毀的弗拉維烏斯圓形競技場——也顯露出這樣的意圖。簡而言之，赫利奧加巴盧斯的破壞欲，是在潛意識之中想要破壞階級制度的欲望，因此他必定會招來不願禮拜巴力神的貴族階級的反感。對羅馬人來說如此重要的階級觀念、道德優越感以及民族優越感，這名少年祭司完全無法理解。他躺著跟元老院的議員寒暄，而且還毫不客氣地說番紅花是最適合各位的臥床，他天生就是個膽大妄為的人。

破壞與享樂聯手促成了消費社會的滅亡，不斷膨脹的虛榮心讓美食成為一種苦行。在這種情況下，其本質不在於商品、不在於消費者本身，而是凝聚在商品被破壞的那一瞬間。拉溫納的蘆筍、塔蘭多的生蠔、西西里的海鱔、愛奧尼亞的銅長尾雉、西班牙的蜂蜜、高盧的閹雞、敘利亞的梨，以及努米底亞的松露就不用提了，甚至還有駱駝踵肉、八目鰻的魚膘、孔雀蛋、紅鶴舌、浸在番紅花香油中的刺蝟肉、真口魚的內臟、公雞的雞冠，以及樹鶯的腦髓等這些令人懷疑胃部能不能消化的食物都被端出來享用。赫利奧加巴盧斯的饗宴，肯定會讓那位維提里烏斯（Aulus Vitellius Germanicus）與佩特羅尼烏斯看了既羨慕又嫉妒。

皇帝在焚燒阿拉伯香料的大理石廳內享用活生生切下的野味，品嚐來自最遠產地的蝦蛄與菇類，用縞瑪瑙酒杯盛酒，並且對羅馬人尤其喜愛的魚肉嘖嘖讚嘆。用完餐後，他在番紅花浴池中泡澡，穿著涼鞋踩踏玫瑰與水仙，然後回到他裝潢豪華的寢室。他挑選來自社會各階層的人來陪同用餐，例如極有威嚴的元老院議員、通曉音律的娼妓、孌童，以及自稱為哲學家的人等。皇帝也曾一時心血來潮，就找來八名禿頭老人、八名獨眼男，以及八名聾女齊聚一堂一同用餐。看到身有殘缺的人不知所措的樣子讓他覺得很有趣。嘲弄茹素的犬儒學派哲學家也是他在餐桌上必定會享受的樂趣（這讓人想起琉善〔Lucian of Samosata〕那辛辣無比的諷刺短詩）。他仿傚克麗奧佩脫拉（Cleopatra）與卡利古拉的作法，在豌豆裡混入黃金顆粒。而且他相信，食用以琥珀包覆的蠶豆或撒上珍珠粉的米飯等是恢復性慾的有效療法。皇帝甚至還想吃鳳凰，但因為找不到，只好吃駝鳥的腦髓來自我安慰，曾有單日提供這項食材給六百名賓客享用的記錄。包路斯．艾格尼塔描述，試吃這種鳥類的側胸肉時，沒有任何人把這種鮮少人吃的食物放入口中。

皇帝坐在由四名赤身露體的女子拉曳、以象牙和黃金裝飾的車上，從卡比托利歐山朝向帕拉蒂諾緩步前行。他隨處停下座車，讓民眾暢快飲用青銅水盤裡滿溢而出的粉紅酒。要不就是造訪娼家，拔除她們的體毛，或是針對愉悅時的姿態進行一場淫猥下流的演說而毫不厭倦。這位虐待狂皇帝的一大樂趣，是將他寵愛對象的手腳綁在水輪上，然後觀看他們隨著輪子在水中轉動而在水面上上下下的樣子。皇帝稱呼這個輪子為「伊克西翁之輪」＊。有名生活放蕩的老者顫顫巍巍地倒了法拉諾葡萄酒（Falernum）給他，皇帝就命令他在甕裡蒐集一千隻蒼蠅。他也曾下令要人蒐集一千隻白老鼠、一千隻鼬。有個好例子可用來說明他如何愚弄人們的價值觀。他會在用餐時賣出抽獎券，獎品內容是價值完全不同的物品。他看著買方期待落空或者抽中大獎而引以為樂。這雖是奧古斯都大帝（Augustus）發明的作法，但他蠻橫的程度讓人出乎意料。有人抽到十匹駱駝，也有人抽到十隻蒼蠅。要是賓者當中有皇帝不喜歡的人，他就會把他們坐著的皮囊裡的空氣突然放掉。看著他們不得不在桌下用餐，皇帝呵呵大笑。根據蘭普里迪烏斯的說法，皇帝還會在倒滿酒的運河裡放入船隻，以呈現海戰的場面，或者駕著由四頭象所拉曳的戰車前往梵蒂岡山，把墓地搞得亂七八糟。讓聖奧古斯丁悲痛吶喊的時代的確並不遙遠。

在陋巷裡尋求最大的快樂，與最卑賤的對象彼此愛撫——從這一點看來，赫利奧加巴盧斯跟寵愛納西瑟斯（Narcissus）一人、寵愛安提諾烏斯（Antinous）一人的皇帝有所不同。至少哈德良能夠清楚說明他們的俊美，或者他們在奴隸解放上的地位吧！然而他毫不避人耳目地跟奴隸、車夫、碼頭工人，以及在公共澡堂偶遇的健壯青年一起廝混，甚至還加以重用，將他們送入元老院並給予封地。根據赫羅狄安的描述，皇帝的愛人希洛克勒斯原本為車夫，有一次從車上跌落，露出頭盔下年輕乾淨的臉龐與滿頭金髮。皇帝見了立刻把他帶回家，從那天開始與他共度每個夜晚。希洛克勒斯像是馬上就有了比皇帝本身更大的權力似地，甚至連原本為婢女的母親都被接到羅馬，享有與地方首長夫人同等的地位。皇帝曾對士麥那出身的諾堤庫司（Aurelius Zoticus，根據狄奧的說法，他「陽具碩大的程度無人能及」）一時意亂情迷，據說當時希洛克勒斯醋勁大發。諾堤庫司原本是競技場上的選手，被密探相中接到宮中成為式部官。初次謁見皇帝時，他按照慣例稱呼皇帝為「陛下」，然而赫利奧加巴盧斯卻像個女人般地臉紅，還跟諾堤庫司眉來眼去。據說赫利奧加巴盧斯回答說：「別叫我陛下，因為我是個女人呀！」不過，諾堤庫司並未得寵很久。嫉妒不已的希洛克勒斯買通負責倒酒的人讓他喝下許多酒，當天晚上在皇帝的寢室裡，他的雄偉男性象徵並未發生作用。他立即被剝奪官位，從羅馬流放他鄉。約翰・齊菲利努斯（John Xiphilinus）幽默地以「失寵拯救了他的性命」為這件逸聞軼事作結。

＊　伊克西翁（Ixīōn），希臘神話中的人物，因追求宙斯的妻子赫拉而被綁在一個不停旋轉的火輪上懲罰。

如同前面提過的，赫利奧加巴盧斯玷汙了維斯塔貞女，並且打算與她成親。這件事具有雙重意義。換句話說，當時他也同時在考慮讓自己的巴力神跟帕拉斯女神成婚的事。既然身為神的化身，那麼自己的婚姻就等同於神在這世上的婚姻。他認為羅馬的建國元祖埃涅阿斯（Aeneas）從特洛伊帶來的帕拉斯女神是巴力神陽具雕像的最佳配偶。但後來才發現，這項計畫有個重大的心理謬誤。保守的貴族階級也有很大的反對聲浪。性情冷淡且講究邏輯的帕拉斯，如何能和有著火一般縱慾傾向的巴力湊在一起？要是無論如何都希望能達成相反性質的統一，那就該選擇與巴力神原本的傾向對立且隸屬於同一血統的女神。太陽那具有破壞性的酷熱，就該在冷靜而溫柔的月亮當中尋求自然的增補。於是帕拉斯女神就因為性格太過好戰，而被迦太基的烏拉尼亞（Urania）給取代了。

烏拉尼亞崇拜是傳入非洲的維納斯信仰分支之一，祂亦被視為摩洛克神的姐姐，而其狂歡縱慾式的祭祀儀式以及活人獻祭等，都跟巴力崇拜如出一轍。烏拉尼亞的象徵——金星——在日出時為男性，日落時轉變成女性，兩種性別就這樣被統合為單一實體。就像黑格爾（Georg Wilhelm Friedrich Hegel）的辯證法一樣，任何原理皆包含與其對立的事物在內，因此兩種原理的綜合可在具備兩種性別的唯一真神當中實現。這個不明確的卡巴拉式辯證法，也跟敘利亞的宇宙論極為相似。塔尼特（Tanit）、阿斯塔蒂、阿塔伽提斯（Atargatis）以及阿提米絲（Artemis）等女神也都是迦太基的烏拉尼亞的變形或原型。這名右手執矛、坐在獅子上的女神，可說是諸神之母伊絲塔（Ishtar）誕生之後，在所有民族之處都能看到的古代母權制度黃金時代裡，最完整的月亮象徵。赫利奧加巴盧斯雖也崇拜這名女神，卻有別於想跟祂同床共寢的卡利古拉，赫利奧加巴盧斯把祂讓給了自己的神。

神石的影子逐漸擴大，那不祥的陰影似乎籠罩了整個羅馬。我們可透過許多證詞得知，當時夢想著要救贖人類的理性主義精神，也同樣以不安的眼神眺望著陷入怪異唯物論陽具崇拜的羅馬。盧克萊修（Titus Lucretius Carus）、賀拉斯（Quintus Horatius Flaccus）以及馬庫斯·奧理略等人都是在普里阿普斯的原始支配之下，因此可說是最先開始尋求普遍性神意崇拜的人。他們真的擔憂世界被這個吵雜而不平靜的邪教所帶來的黑暗籠罩。

埃梅薩的神已經完成祂的統治。那是對西庇阿（Publius Cornelius Scipio）、老加圖（Marcus Porcius Cato Censorius）等古代道德主義者的痛快復仇，是對過往征服者辛辣無比的嘲笑。巴力神甚至已經很久未能享有祂最喜愛的活人獻祭，青銅偶像隨著古迦太基的滅亡而被破壞殆盡。羅馬人至少在表面上厭惡並且摒棄這些殘忍的祭祀儀式，但仍有許多信仰堅定的皈依者，即便是在皇帝的統治之下，他們也堅持要獻上全燔祭。而皇帝有時甚至會違反自己公布的法令，舉行活人獻祭的儀式（康茂德就曾在密特拉斯的祕密儀式中親自執刀殺人）。到了赫利奧加巴盧斯的時代，隨著曾在腓尼基世界中稱霸的偉大神祇復活，獻祭儀式以更盛大的規模捲土重來。若是其他神祇，光是有動物和穀物作為祭品或許就滿意了。屠宰公牛的場面令人作嘔，大理石地板上血流成河，在大量的蒼蠅覆蓋之下，連祭壇都變成了黑色……然而，唯獨巴力神一定要有活人獻祭。人們不得不在可怕的祕密神殿屠殺許多人。如同普魯塔克的描述：

「為了要在祭壇上焚燒，沒有孩子的婦人向貧民階級購買孩童。孩童的母親在觀看那個場面時，連眉頭都不能皺一下，也不能哭出聲。要是流淚，不僅拿不到錢，孩子也還是會被殺。」

——《關於迷信》6

就像濕婆（Śiva）的女神一樣，埃梅薩的神也貪婪地收下從動植物到活人獻祭等所有種類的祭品。在奇妙的病態殘忍與超脫的欲望驅使之下，不僅限於自己的神，少年大祭司就連自己貶抑的其他東方諸神也要求要殺生獻祭。他將手插入公牛的溫熱內臟裡沉醉不已，殺戮的血腥味，對他來說是妙不可言的美好氣味。赫利奧加巴盧斯似乎是嘗試透過巫術般的作法，將犧牲者與自己的血肉同化。他想要將公牛與年輕人的活力轉移到自己身上。根據弗雷澤在《金枝》一書中的描述，西芭莉祭祀儀式中的公牛獻祭（Taurobolium），是在格柵板上方宰殺以花環裝飾的公牛，而藏身於格柵板下方坑洞裡的皈依者，要讓公牛身上流出的溫熱鮮血淋遍全身，這項巫術般的祕密儀式才算完成。一般認為，赫利奧加巴盧斯也相當沉迷於這項與人類最根本的渴望有關的血腥獻祭儀式，因為他在四年統治期間的後期，對西芭莉的祭祀儀式相當熟悉是歷史學家公認的事實。

皇帝埃拉加巴盧斯想要以巴力神為中心建立一套東方宗教的階級制度，因此他必須熟知所有的宗教、所有的教義以及所有的祕密儀式。不只是羅馬人所尊崇的聖物，他連猶太人的聖物、撒馬利亞人的聖物，甚至連基督徒的聖物，都想把它們移到埃拉加巴利歐（Elagabalium）。宗教融合顯然已在來自外地的皇帝塞維魯斯的宮廷裡流行過，然而他的眼光放得更遠。他在宗教上的才華可說是超越了一切宗教融合，他遠遠眺望著幾乎完全是一神教的世界。巴力神是他心目中的唯一真主，是宇宙唯一的創造力。效法阿蒙神（Amun）與摩西（Moses），這名太陽神的大祭司頭上有一隻角——那是一隻會射出維持世界秩序的太陽光線的角。

巴力、朱庇特以及戴奧尼修斯這三者極為相似，而且應該也能把耶和華算進去。就像普魯塔克所言：「在某個時代，猶太民族最重要且最為完整的祭祀儀式，是按照戴奧尼修斯的祭祀儀式來舉行的。」即便是基督教的神，也跟巴力一樣想要普遍性的東西。驢子在基督教當中除了是生殖力的象徵之外，同時也象徵著謙讓。換句話說，既象徵著神聖的陽具，也象徵著高貴的被動性。基督徒之所以會讓赫利奧加巴盧斯覺得熟悉，也可以從這部分加以說明。在這個時代，基督徒的力量還不足以對帝國造成威脅。然而，要是他活得再久一點，幾乎毫無疑問地，他自己本身的宗教熱忱會驅使他去迫害這些狂熱的一神教教徒。

無論如何，基督教順應了時代與環境的變化，而且頑強地貫徹了「除了自己以外沒有任何救贖」的排他性原理。基督教從一個人人精神上憧憬的祕密社團，有策略地開始傳教，最後靠著動態又強韌的力量，得以像猶太教般打敗固執守舊、目光短淺又跟不上時代潮流的許多宗教。當時地方上的小部落或共同體已經不是一味地努力遵守自己教義的時代了。特士良（Quintus Septimius Florens Tertullianus）可以自豪地大聲呼喊的時代已經到來：

「我們昨日才到，卻已占領你們的首都、殖民地、軍隊、宮殿、元老院與廣場。你們手上就只剩你們的神殿而已。」

乍看之下，基督教並不像是要廢除世界的羅馬式構想，而是否認異教。由於僅以異教為對象，聖奧古斯丁才能在羅馬留下偉大事蹟。相反地，具備強烈破壞傾向的猶太教徒為了他們未來的統治，徒勞無功地積極營造出適於他們的無政府狀態。這就是名為《啟示錄》（Apocalypse）的復仇之書當中所描述的思想。

「大巴比倫倒塌了，並且成為惡魔的住處、一切汙靈的監獄。因為各國人民都喝了他淫亂憤怒的葡萄酒，地上的君王與他行淫，地上的商人則因他奢侈太過而發了財。」

基督教從腐敗的社會底層如同耀眼的純白百合般綻放，很快就征服了高盧、日耳曼尼亞以及非洲的民眾。誠如特士良所言，「基督徒的血是種子」，殉教者的血真的是一顆不斷重生的種子。同伴人數日益增加，也是因為反基督教的事物所引發了恐懼與厭惡，反而讓民眾本身朝著保證會拯救他們靈魂的那一邊而去。眾所周知，基督教最終獲得國家認定。然而在埃拉加巴盧斯活著的時代，這個宗教把一切都賭在促進社會解組上。有誰會知道這件事呢？就算原本是護教學者，也不會為了皇帝而留下不利的證詞。對他們來說，敬拜皇帝與維護基督教信仰應該是一致的。看到皇帝在眾多偶像中又加入令人覺得可恥的新偶像時，他們這些姑息縱容的護教學者會有多麼懷疑不安？赫利奧加巴盧斯不僅崇拜這些陳腐落伍的偶像，還淪落到成為一塊殘暴又野蠻的黑石——那座巴力的陽具雕像——其卑賤婢女這樣的地位，因此他對基督教的崛起可說是貢獻良多。換句話說，他打造出了適合一神教發展的環境。這條意想不到的捷徑，使得陽具崇拜將人類帶往彌賽亞（Messiah）的方向，想來這就是歷史的弔詭性邏輯。

關於赫利奧加巴盧斯的死，有三種不同的說法。

蘭普里迪烏斯的說法是，得罪皇帝的親衛隊知道處境危險，因而密謀推翻暴虐的皇帝以解救國家。因為畏懼赫利奧加巴盧斯的怒火，他們殘忍地殺害了逃入茅廁的皇帝，同時也一併除掉了皇帝的母親尤利亞·索艾米亞斯。

另一方面，根據赫羅狄安的說法，由於傳出皇帝的表弟亞歷山大已經身亡的流言，皇帝不得不跟表弟一同出面，在軍隊面前解釋清楚。然而當時軍隊歡聲雷動，打算擁立亞歷山大為新皇，於是他下令以叛國的名義逮捕這場騷動的發起人。然而軍隊一直想找機會除掉這名暴君，所以立即將他撲倒在地。他的母親當時在場，因此一同遭到殺害。

最後是狄奧的說法。皇室成員為了祭祀儀式前往郊外時，索艾米亞斯與瑪麥亞起了爭執。兩人分別要求軍隊站在自己的孩子這邊。此時皇帝很快就察覺到危險，因此躲藏於箱中，然而終究暴露了行蹤，遭到殺害，而抱著他的母親也一起被殺。

其後的過程則是三人意見一致。失去理智的軍隊砍了他的頭，並且拖著他赤裸的屍身遊街示眾，最後綁上石頭，從艾米利亞橋上扔進台伯河中。時間是西元二二二年三月十一日，結束了四年的統治，他才終於年滿十八。

書目註記

1. The Satyricon, Gaius Petronius, 1th C.
2. The golden bough, Frazer, 1922.
3. Roman History , Herodian, 3th C.
4. Mémoires de l'abbé de Choisy habillé en femme, François-Timoléon de Choisy, 1966.
5. Historia Augusta, Aelius Lampridius, 2th C.
6. De superstition, Plutarch, 1980.

後記（初版）

我從很久以前就想寫一本名為《異端的肖像》的書。我想書寫從古代到近代歐洲各類絕對探求者的評傳，並將其集結成冊。

雖然都稱為絕對探求者，不過在我腦海中的概念，舉例來說，被權力所操控的人、執著於美的人、瘋子國王、夢想成為超人的人、魔法師、撒旦崇拜者、因自戀而毀滅的藝術家、遭遇挫敗的革命家、隱士、烏托邦主義者、發明無用之物的發明家、宗教狂、預言家、幻視者、犯罪者以及殺人犯……等形象至少需同時包含兩三個在內，而這未必符合人們對「異端」的想法。不過，我想在此表明的是，我自行取捨、判斷可放進《異端的肖像》這本書中的，幾乎都是在人生中有過光榮顯耀的頂峰與悲慘幻滅的低谷（無論是在物質上或精神上）這兩種體驗的人物。光榮與悲慘，權力與幻滅——這些看起來像是透明的痙攣性雙層存在，就是我對「異端」的想法。痙攣的程度越是嚴重，就越接近於「異端」。因此，我想先讓各位讀者知道，這個概念原本就相當隨意。

說到一開始想介紹給讀者卻未能在本書中登場的人物，要是將這些人的名字按照時代先後順序列出的話，就會是以下這份名單。也就是燒掉羅馬的皇帝尼祿、據說跟耶穌基督在同一時期展現奇蹟的提亞納的阿波羅尼烏斯（Apollonius of Tyana）、梅列日科夫斯基（Dmitry Sergeyevich Merezhkovsky）的《諸神之死》（The Death of the Gods. Julian Apostate）中所描繪的叛教者尤利安、據說發明了自動機械木偶的教宗思維二世（Silvester II）、文藝復興時期權力意志的化身——切薩雷・波吉亞（Cesare Borgia）、宗教狂神權政治家薩佛納羅拉（Girolamo Savonarola）、流浪魔法師帕拉塞爾蘇斯（Paracelsus）、占星家諾斯特拉達穆斯（Michel Nostradamus）、風格主義（Mannerism）之帝魯道夫二世（Rudolf II）、既是收藏家也是發明家的萬能學者阿塔納奇歐斯・基爾學（Athanasius Kircher）、詐欺師卡里奧斯特羅、幻視者史威登堡（Emanuel Swedenborg）以及妖僧拉斯普丁（Grigorii Efimovich Rasputin）等人。關於這些人物，有一部分已在我的其他作品（《夢的宇宙誌》、《黑魔法手帖》、《毒藥手帖》、《祕密結社手帖》等書）中提過，不過要是有機會，我還想再來寫寫這些故事。

這本書當中的前六篇是一九六六年一月到十一月期間在《文藝》雜誌中隔月連載的作品，最後一篇則是曾在《神聖受胎》（現代思潮社，一九六二年）這本評論集當中發表過的文章。另外還想跟讀者說明的是，首篇〈巴伐利亞的瘋子國王〉去年曾以《瘋子國王》為書名，加入插圖以限量版的形式單獨付梓（Press Bibliomane 發行）。

衷心感謝現任《文藝》總編輯杉山正樹先生給予機會刊載，也要感謝桃源社的矢貴昇司先生長久等候本書完成，並且在裝幀設計上煞費苦心，一如既往。

一九六七年二月，寫於北鎌倉

澀澤龍彥

後記（新版）

時間過得真快，初版出版至今正好過了十年。

現在跟十年前大不相同，我想這本《異端的肖像》當中介紹的人物如今已普遍為人所知，遠非十年前可以比擬。而這樣的情況無論是在歐洲還是日本，都沒什麼不同。

巴伐利亞的瘋子國王由已故導演盧契諾．維斯康堤（Luchino Visconti）拍成電影（片名為《路德維希．諸神的黃昏》〔Ludwig〕），那部電影是維斯康堤的遺作，可惜並未在日本公開上映。我今年六月待在巴黎期間偶然有機會觀賞這部電影，看完極為感動。

矢野目源一先生所譯的貝克福德的《瓦提克》舊譯本已重新發行，巴代伊的《吉爾．德．雷的審判》也推出了譯本，而阿爾托的《赫利奧加巴盧斯．戴著皇冠的無政府主義者》（Héliogabale ou L'anarchiste couronné）如今也有了優美的日文版。

身為《異端的肖像》的作者，我覺得這樣的趨勢真是可喜可賀啊！

澀澤龍彥

一九七七年十月

後記（文庫版）

《異端的肖像》收錄了原本在《文藝》雜誌中隔月連載的六篇文章（一九六六年一月到十一月），再加上最後一篇，由桃源社在一九六七年以單行本的形式出版。最後一篇〈頹廢派少年皇帝〉一開始在《聲》雜誌第五期當中以〈狂悖帝王赫利奧加巴盧斯〉的標題刊載（一九五九年十月），後來又被收錄在《神聖受胎》（現代思潮社，一九六二年三月）這本評論集當中。到了一九七〇年，《異端的肖像》一書也被收錄在桃源社的《澀澤龍彥集成》第五卷當中。

時間過得真快，初版出版至今已過了十六年。隨著十六年的時光流逝，這本《異端的肖像》當中介紹的人物如今已普遍為人所知，遠非從前可以比擬。比方說路德維希二世，自從已故導演盧契諾・維斯康堤拍攝的電影上映後，誠如各位所知，他在日本也變得相當知名。還有吉爾・德・雷，他在巴代伊的社會學論文推出譯本後，變得廣為人知。另外還有赫利奧加巴盧斯，他在阿爾托那本富有詩意的評傳《戴著皇冠的無政府主義者》譯本出版後變得很有名。而在超自然現象蔚為風潮之際，葛吉夫的名字似乎也浮上了檯面。

除了本書之外，我幾乎從未使用過異端這個詞彙。但我不知不覺就用了這個詞彙，或許是因為多少被六〇年代的風潮所影響。如果是這樣，那可就太難為情了。如今重新再讀一遍，才發現年輕時寫的〈頹廢派少年皇帝〉等作品晦澀難懂，自己看了都啞口無言，還請各位讀者看在我當時年紀還輕的份上寬容以對。

澀澤龍彥

一九八三年四月

河出文庫編輯部

本書於一九六七年由桃源社出版，一九八三年收錄於河出文庫。敝社的《澀澤龍彥全集》中，第二卷與第七卷所收錄的內容以桃源社的版本為主，但有些微差異。

依照現今的標準看來，本書提到人體或社會地位等方面時，使用了帶有歧視意味或者可能導致偏見的表達方式，因此希望讀者在閱讀時，也能一併考量到作者的意圖與時代背景等因素。

（編輯部）

異端的肖像

出版◆楓樹林出版事業有限公司
地址◆新北市板橋區信義路163巷3號10樓
郵政劃撥◆19907596 楓書坊文化出版社
網址◆www.maplebook.com.tw
電話◆02-2957-6096 傳真◆02-2957-6435
作者◆澀澤龍彥
翻譯◆殷婕芳
責任編輯◆周佳薇
校對◆周季瑩
封面插畫◆安品
港澳經銷◆泛華發行代理有限公司
定價◆380元
出版日期◆2023年3月

國家圖書館出版品預行編目資料

異端的肖像 / 澀澤龍彥作；殷婕芳譯. -- 初版. -- 新北市：楓樹林出版事業有限公司, 2023.03 面； 公分

ISBN 978-626-7218-34-1（平裝）

1. 傳記 2. 歐洲

784 111022492